Sekundarstufe

Armin Weinfurter

Mathe-Basics
... für Asylbewerber

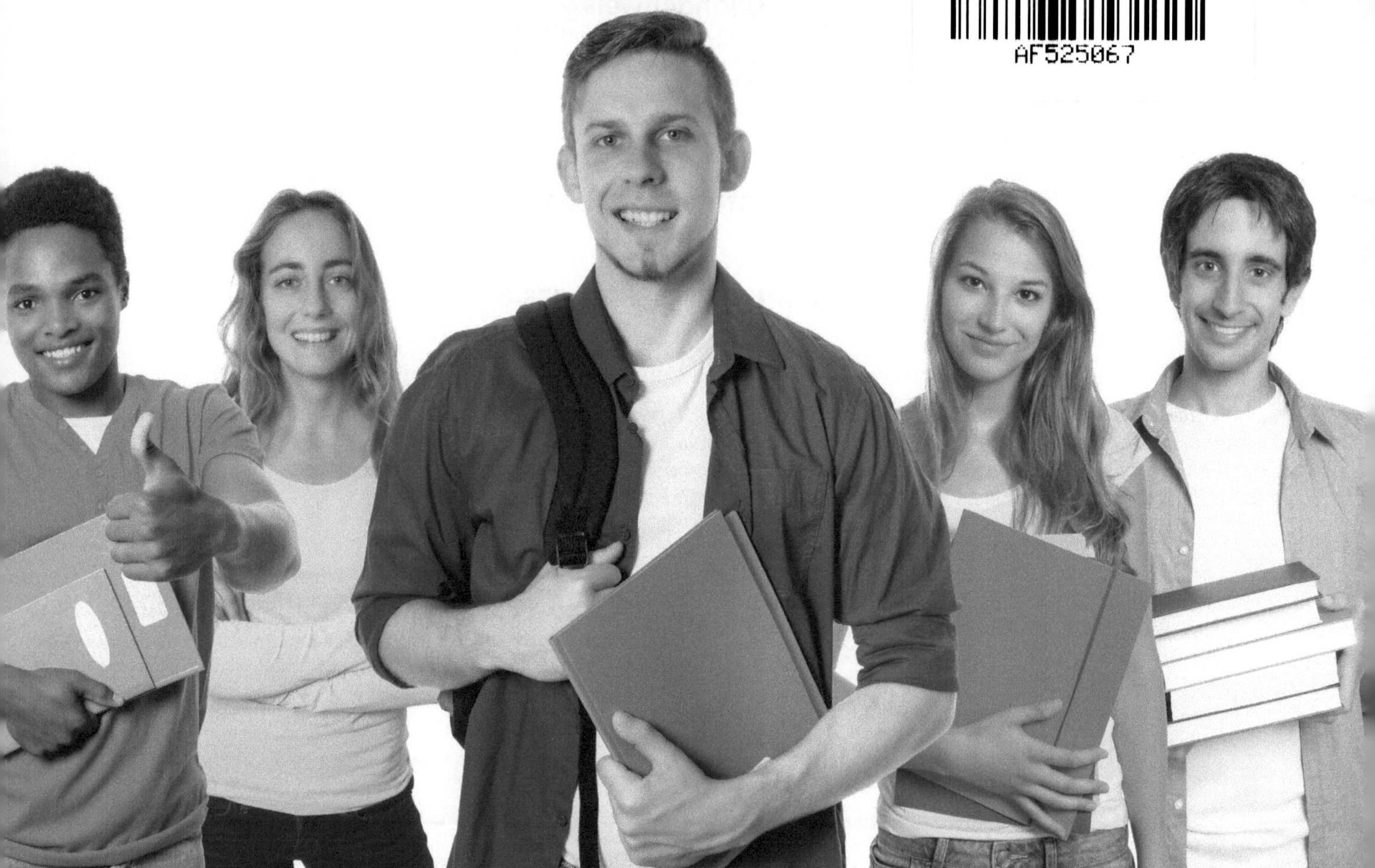

AF525067

Wichtige Themenbereiche und entsprechende Übungsaufgaben sprachneutral zusammengefasst

www.kohlverlag.de

Mathe-Basics
... für Asylbewerber

5. Auflage 2025

© Kohl-Verlag, Kerpen 2018
Alle Rechte vorbehalten.

Inhalt: Armin Weinfurter
Coverbild: © Daniel Ernst - AdobeStock.com
Redaktion: Kohl-Verlag
Grafik & Satz: Kohl-Verlag
Druck: Elanders Druck, Waiblingen

Bildnachweise:
Seite 6, 7, 8, 10, 11, 38, 39, 42: © Jemastock - AdobeStock.com, © artinspiring - AdobeStock.com, © FARBAI - AdobeStock.com;
Seite 13, 37: © He2 - AdobeStock.com; **Seite 41:** © Jemastock - AdobeStock.com, © artinspiring - AdobeStock.com;
Seite 43: © FARBAI - AdobeStock.com; **alle restlichen Bilder:** © clipart.de

Bestell-Nr. 12 210

ISBN: 978-3-96040-376-0

Das vorliegende Werk und seine Teile sind urheberrechtlich geschützt. Jede Nutzung in anderen als den gesetzlich zugelassenen Fällen bedarf der vorherigen schriftlichen Einwilligung des Verlages. Hinweis zu § 52a UrhG: Weder das Werk noch seine Teile dürfen ohne eine solche Einwilligung eingescannt und in ein Netzwerk oder das Internet eingestellt werden. Dies gilt auch für Intranets von Schulen und sonstigen Bildungseinrichtungen.

Kontakt: Kohl-Verlag, An der Brennerei 37-45, 50170 Kerpen
Tel: +49 2275 331610, Mail: info@kohlverlag.de

Unsere Lizenzmodelle

Der vorliegende Band ist eine Print-Einzellizenz

Sie wollen unsere Kopiervorlagen auch digital nutzen? Kein Problem – fast das gesamte KOHL-Sortiment ist auch sofort als PDF-Download erhältlich! Wir haben verschiedene Lizenzmodelle zur Auswahl:

	Print-Version	PDF-Einzellizenz	PDF-Schullizenz	Kombipaket Print & PDF-Einzellizenz	Kombipaket Print & PDF-Schullizenz
Unbefristete Nutzung der Materialien	x	x	x	x	x
Vervielfältigung, Weitergabe und Einsatz der Materialien im eigenen Unterricht	x	x	x	x	x
Nutzung der Materialien durch alle Lehrkräfte des Kollegiums an der lizensierten Schule			x		x
Einstellen des Materials im Intranet oder Schulserver der Institution			x		x

Die erweiterten Lizenzmodelle zu diesem Titel sind jederzeit im Online-Shop unter www.kohlverlag.de erhältlich.

Inhalt

Inhalt

KOHL VERLAG Mathe-Basics ... für Asylbewerber – Bestell-Nr. 12 210

Vorwort

An vielen Schulen werden seit einiger Zeit Kinder und Jugendliche aus Asylbewerber- bzw. Flüchtlingsfamilien unterrichtet. Dank der hervorragenden Arbeit vieler Lehrkräfte und ehrenamtlicher Helfer in den Sprachlernklassen, in Sprachkursen, Übergangs- bzw. Eingliederungsklassen usw. sind die meisten Schülerinnen und Schüler nunmehr in der Lage, mit der deutschen Sprache in den vier groben Kategorien „Hören", „Sprechen", „Lesen" und „Schreiben" so weit umzugehen, dass es ausreicht, um den Großteil der Anforderungen des Alltagslebens zu bewältigen.

Gerade für diese Kinder und Jugendlichen gilt es nun, allmählich auch in den übrigen Fächern Fuß zu fassen und weiter zu lernen. Dem Fach Mathematik kommt dabei eine zentrale Bedeutung zu. Hier gilt es, wichtiges Grundlagenwissen zu erwerben, zu vertiefen und zu sichern, um für die Anforderungen von weiterführenden, berufsvorbereitenden Anschlussmaßnahmen gerüstet zu sein. Dies kann wiederum als unverzichtbarer Bestandteil einer gelingenden Integration in unsere Lebens- und Arbeitswelt genannt werden.

Ein großer Mangel hinsichtlich des Fachs Mathematik besteht allerdings in geeignetem Lehr- und Übungsmaterial. Die „regulären" Schülerbücher sind für die fremdsprachigen Schüler im Hinblick auf den Schwierigkeitsgrad, auf den Aufbau der Übungen und nicht zuletzt hinsichtlich der Stofffülle häufig noch viel zu komplex, um sich damit zurechtzufinden.

Das vorliegende Übungsheft will hier Abhilfe schaffen. Die Kopiervorlagen für verschiedene grundlegende Themenbereiche aus der Mathematik sind in der Praxis erprobt und wurden/werden von den jugendlichen Flüchtlingen bzw. Asylbewerbern mit großem Interesse und hoher Motivation angenommen. Sie können zur Einführung durch die Lehrkraft wie auch zur Sicherung und Vertiefung des zuvor Gelernten eingesetzt werden. Die Präsentation der Lösung zusammen mit der Aufgabenstellung ermöglicht zudem eine zügige Kontrolle und erlaubt es insbesondere, Denkschritte, Rechenwege und Lösungen einfach miteinander in Zusammenhang zu bringen.

Erfolgreiches Lernen und viel Freude mit diesem Heft wünschen Ihnen der Kohl-Verlag und

Armin Weinfurter, Jahrgang 1965, ist verheiratet und hat zwei Kinder. Als Förderlehrer an einer Mittelschule unterrichtet er Schüler mit Migrationshintergrund in den Fächern Deutsch als Zweitsprache und Mathematik. Ein großes Anliegen dabei ist es, den Kindern effektive bzw. brauchbare Übungsmaterialien und Lösungshilfen anzubieten. Aus der jahrelangen Erfahrung seiner schulischen Arbeit heraus entstand dieses Übungsheft.

1 Natürliche Zahlen lesen und schreiben

Die Zahlen bis 10

Aufgabe 1: *Lies und sprich die Zahlwörter laut.*

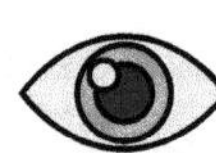

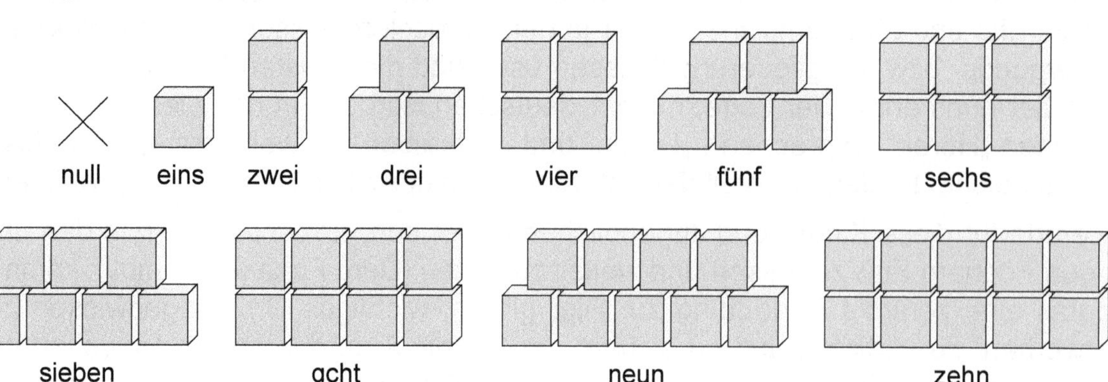

Aufgabe 2: *Lies, schreib und sprich die Zahlen und die Zahlwörter.*

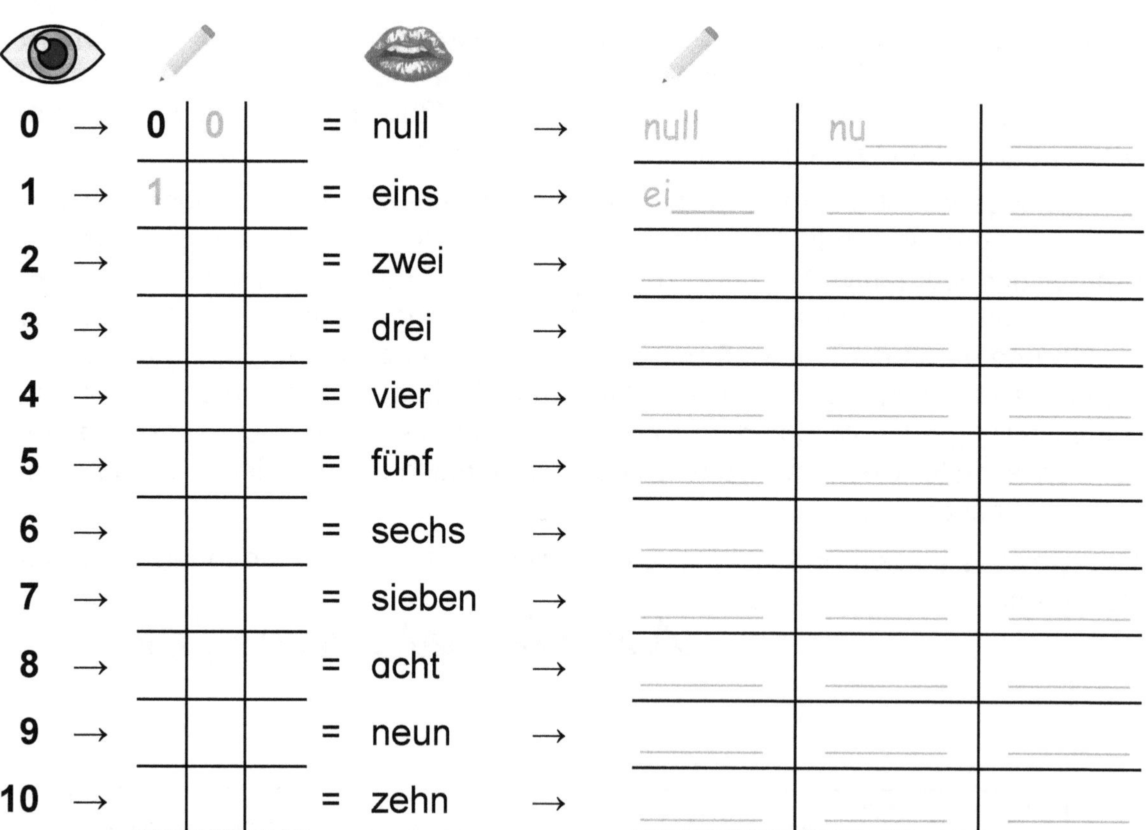

0	→	0	0		= null	→	null	nu	
1	→	1			= eins	→	ei		
2	→				= zwei	→			
3	→				= drei	→			
4	→				= vier	→			
5	→				= fünf	→			
6	→				= sechs	→			
7	→				= sieben	→			
8	→				= acht	→			
9	→				= neun	→			
10	→				= zehn	→			

Aufgabe 3: *Lies und sprich die Zahlwörter laut.*

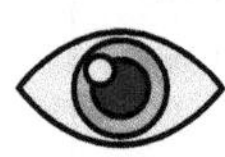

null → eins → zwei → drei → vier → fünf

sechs → sieben → acht → neun → zehn

1 Natürliche Zahlen lesen und schreiben

Die Zahlen bis 20

Aufgabe: *Lies und sprich die Wörter laut und lerne sie auswendig.*

Zehner | | **E**iner | | Zehner Einer
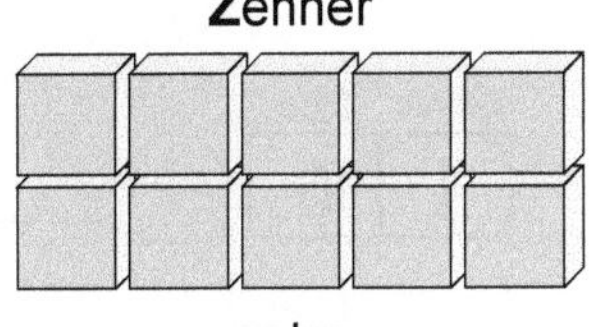 | + | 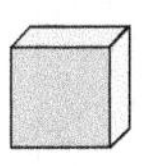 | = | 1 1 ⇨ ____________
zehn | plus | **eins** | ist gleich | **el**f

Zehner | | **E**iner | | Zehner Einer
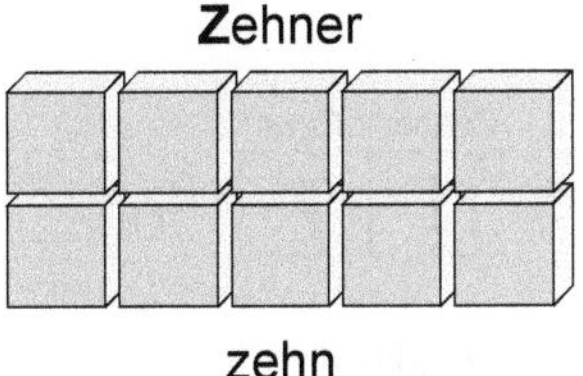 | + | | = | 1 2 ⇨ ____________
zehn | plus | **zwei** | ist gleich | **zw**ölf

Zehner | | **E**iner | | Zehner Einer
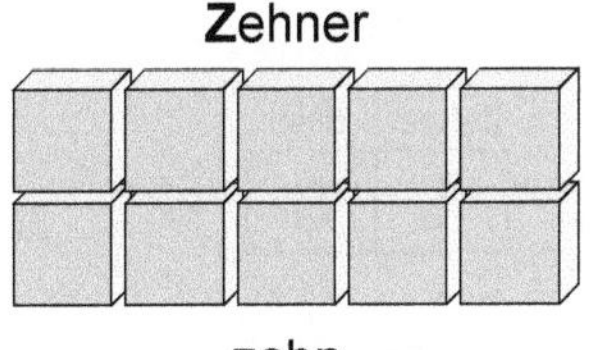 |  + | 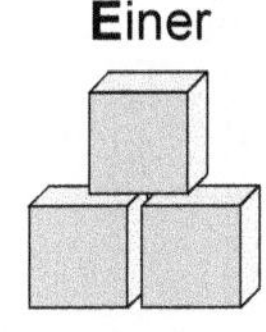 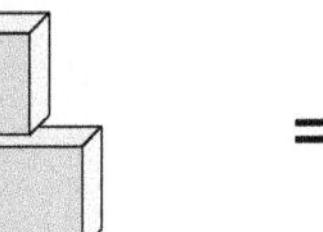 | = | 1 3 ⇨ ____________ 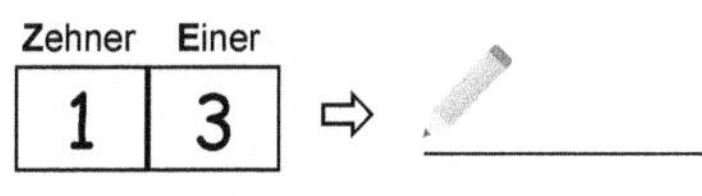
zehn | plus | **drei** | ist gleich | **drei**zehn

Zehner | | **E**iner | | Zehner Einer
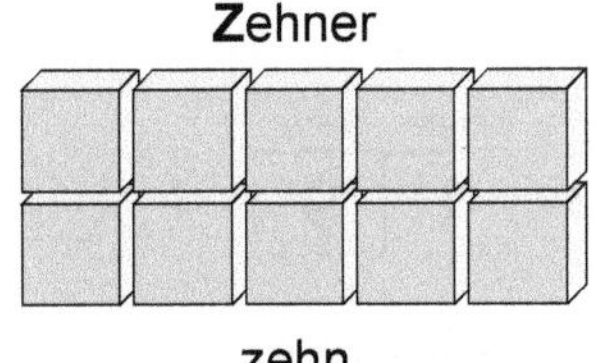 |  + | 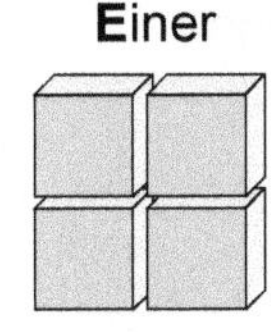 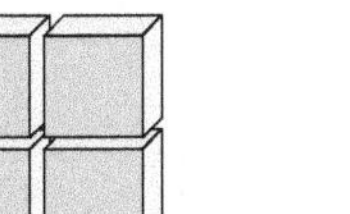  | = | 1 4 ⇨ ____________
zehn | plus | **vier** | ist gleich | **vier**zehn

Zehner | | **E**iner | | Zehner Einer
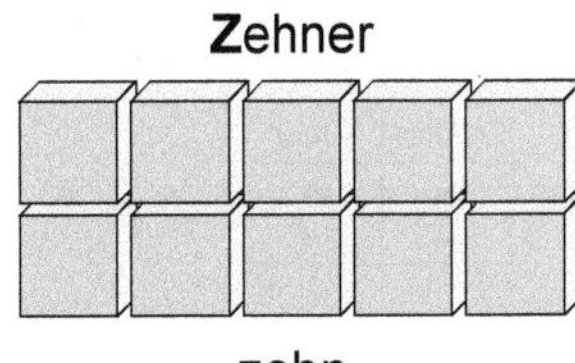 | + | 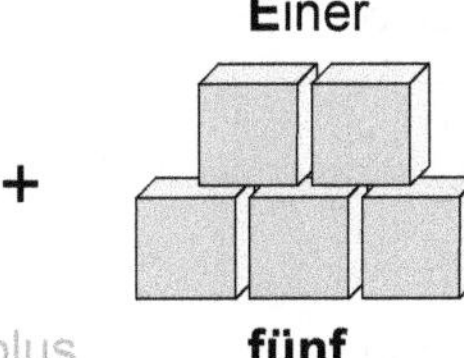 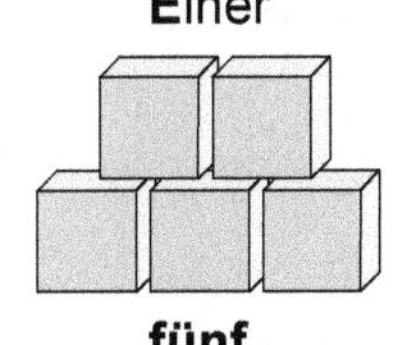 | = | 1 5 ⇨ ____________
zehn | plus | **fünf** | ist gleich | **fünf**zehn

Mathe-Basics ... für Asylbewerber – Bestell-Nr. 12 210
KOHL VERLAG

1 Natürliche Zahlen lesen und schreiben

Die Zahlen bis 20

Aufgabe: *(Fortsetzung)* *Lies und sprich die Wörter laut und lerne sie auswendig.*

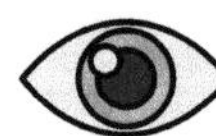

Zehner

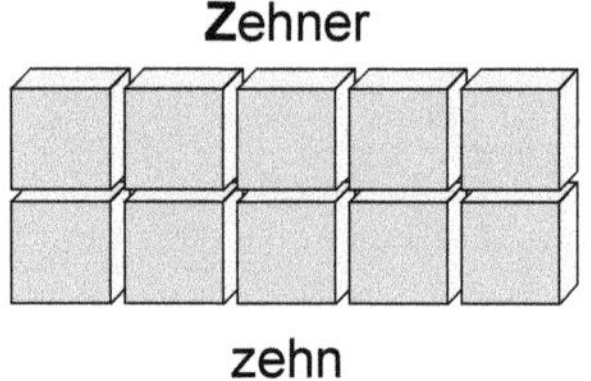

Einer

Zehner	Einer
1	6

zehn plus **sechs** ist gleich **sech**zehn

Zehner

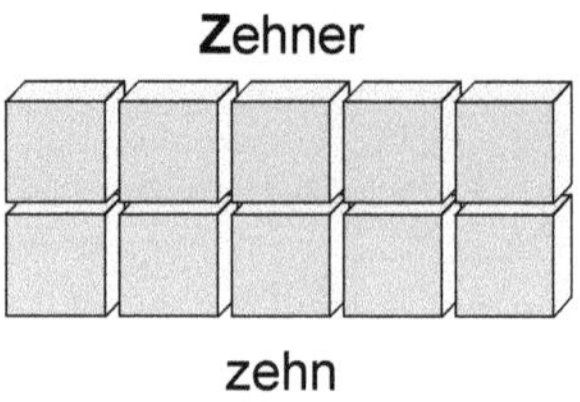

Einer

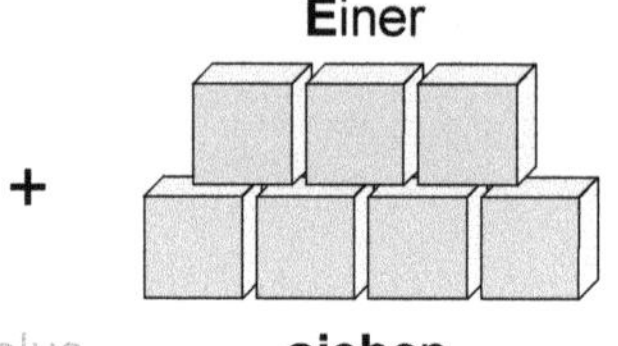

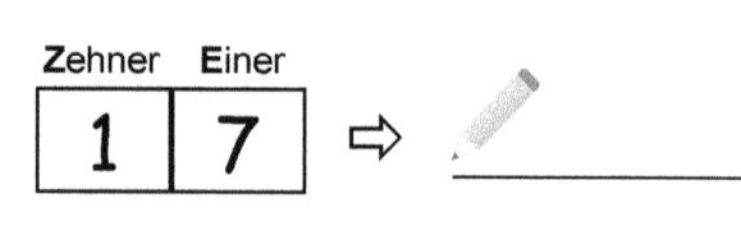

zehn plus **sieben** ist gleich **sieb**zehn

Zehner

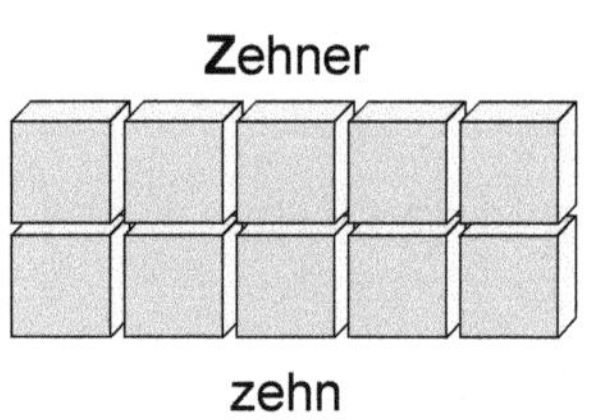

Einer

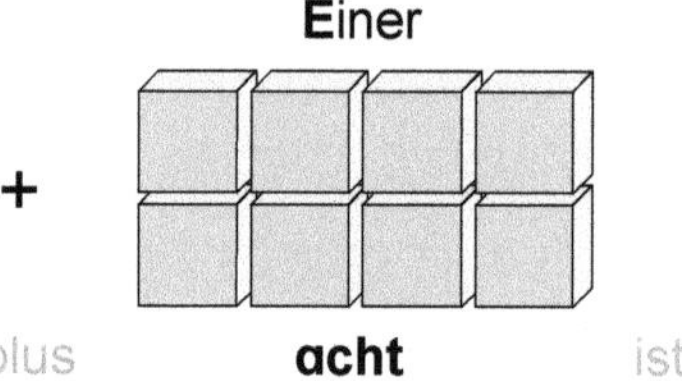

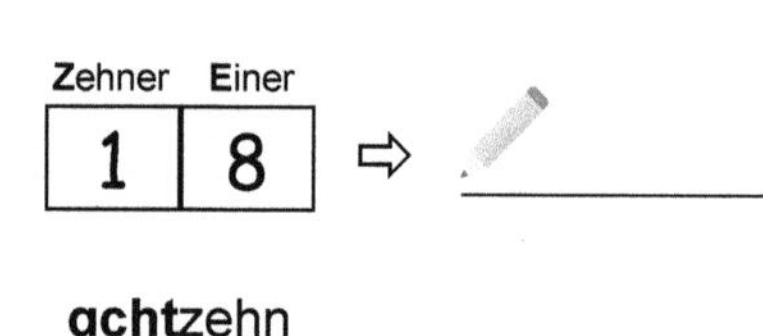

zehn plus **acht** ist gleich **acht**zehn

Zehner

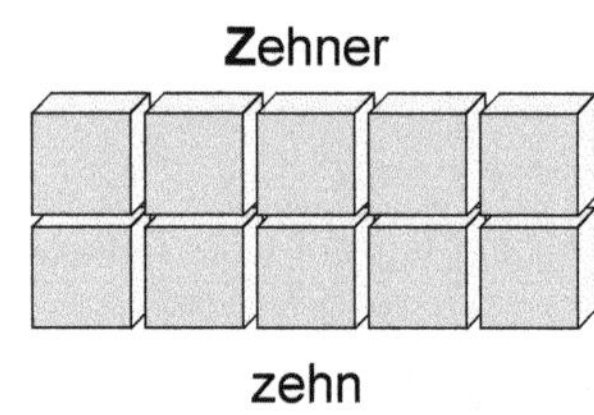

Einer

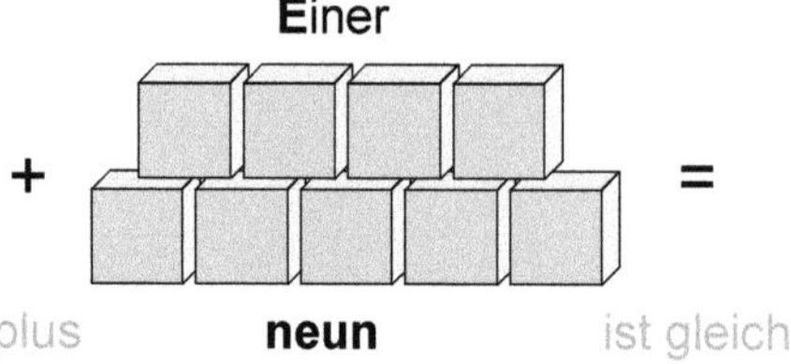

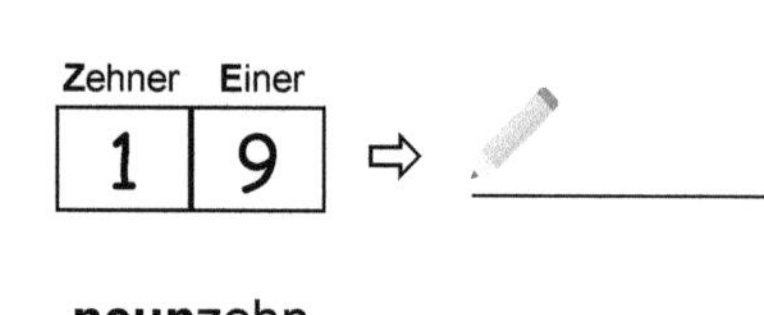

zehn plus **neun** ist gleich **neun**zehn

Zehner

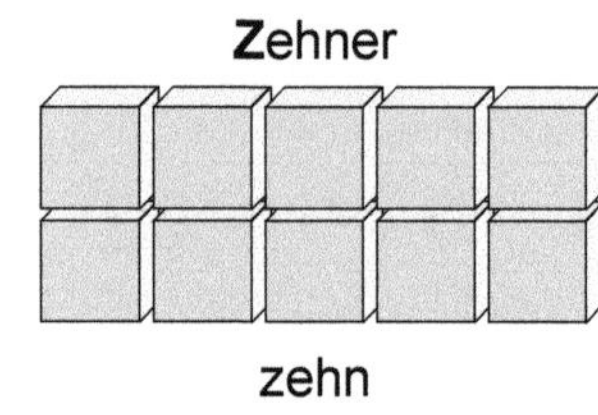

Einer

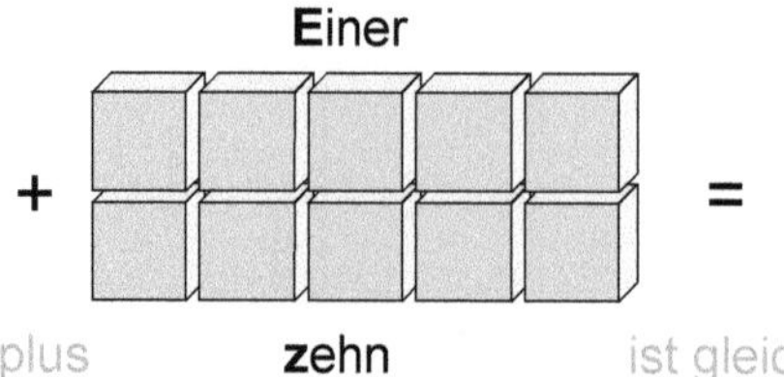

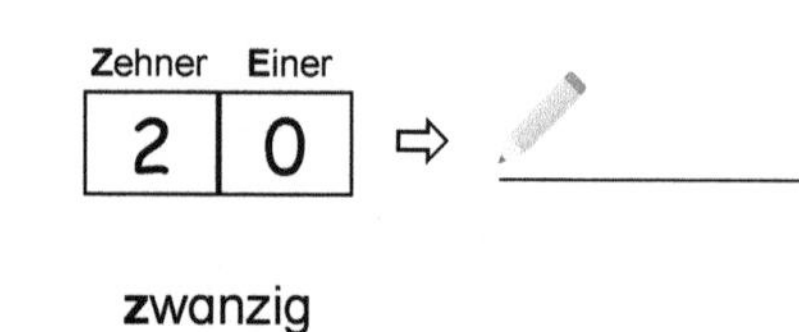

zehn plus zehn ist gleich **z**wanzig

KOHL VERLAG Mathe-Basics ... für Asylbewerber – Bestell-Nr. 12 210

1 Natürliche Zahlen lesen und schreiben

Die Zehnerzahlen bis 100

Aufgabe: *Wie heißen die Zahlen? Schreibe als Zahl und als Zahlwort. Die Zahlwörter in der Mitte helfen dir dabei. Ein Zahlwort bleibt übrig. Wie heißt es?*

a)

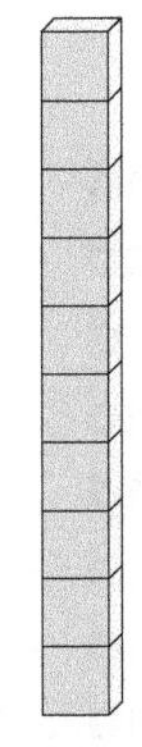

z			n

10

b)

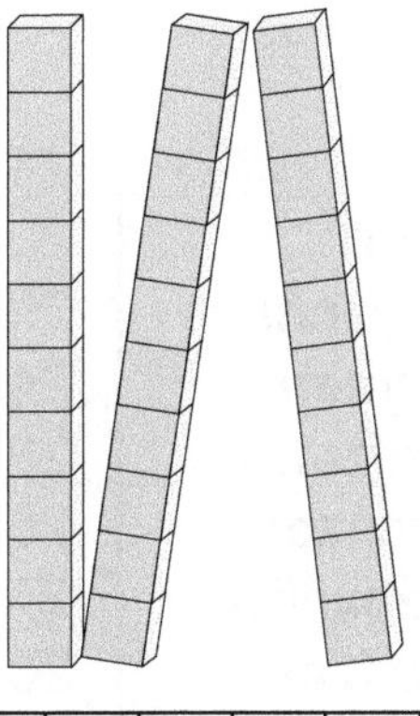

c)

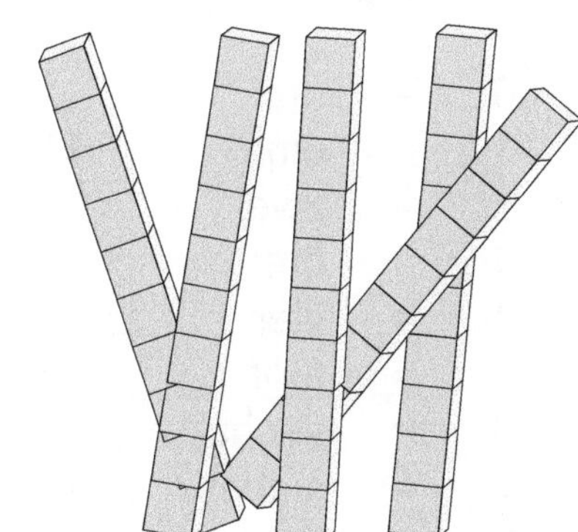

d)

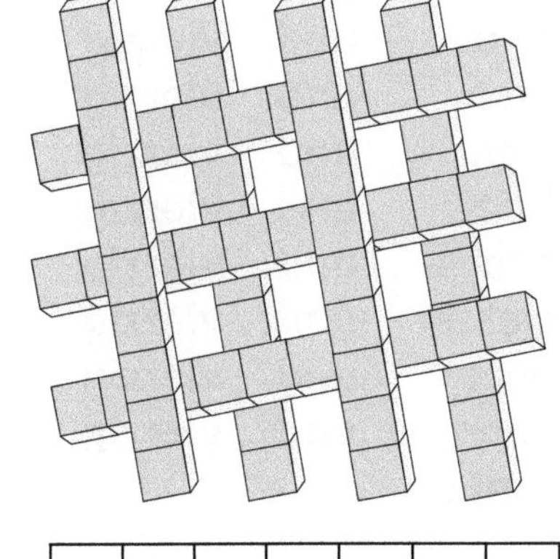

sechzig siebzig
dreißig zehn
fünfzig neunzig
zwanzig vierzig
achtzig

e)

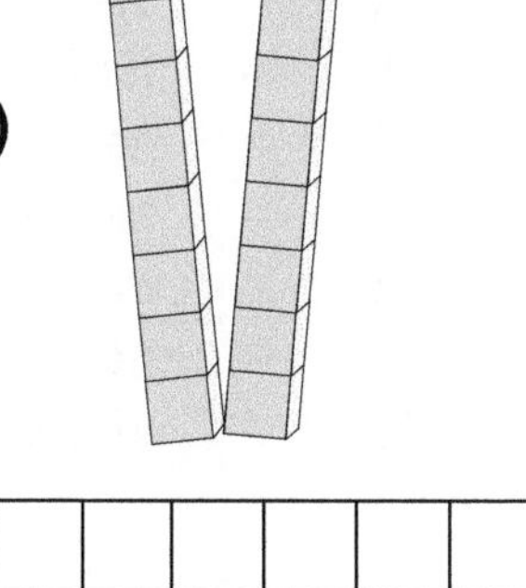

f)

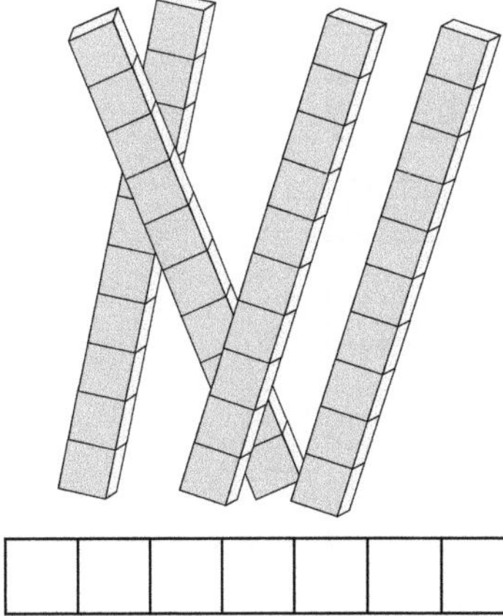

g)

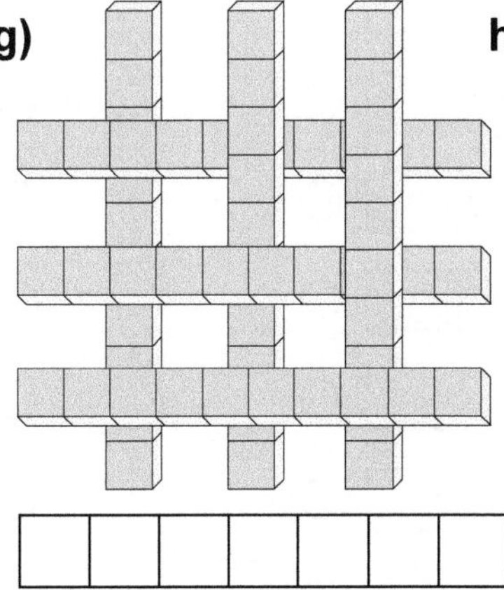

h)

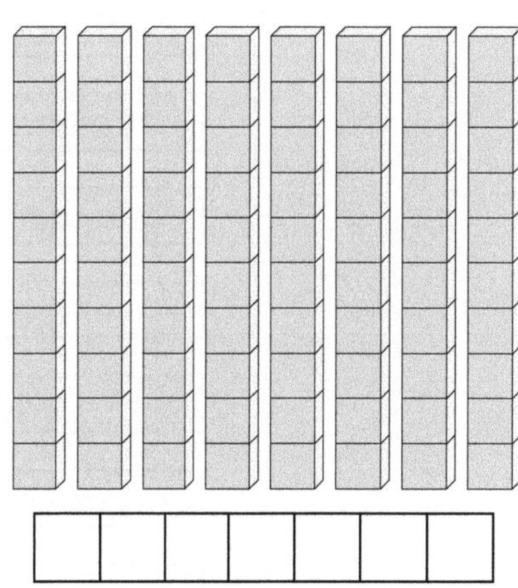

Dieses Zahlwort bleibt übrig:

KOHL VERLAG Mathe-Basics ... für Asylbewerber – Bestell-Nr. 12 210

1 Natürliche Zahlen lesen und schreiben

Die Zahlen bis 100

Aufgabe 1: *Lies und sprich die Wörter laut und lerne sie auswendig.*

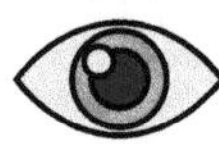

0	=	null								
1	=	eins	11	=	elf	21	=	ein	**und**	**zwanzig**
2	=	zwei	12	=	zwölf	22	=	zwei	**und**	**zwanzig**
3	=	drei	13	=	drei**zehn**	23	=	drei	**und**	**zwanzig**
4	=	vier	14	=	vier**zehn**	24	=	vier	**und**	**zwanzig**
5	=	fünf	15	=	fünf**zehn**	25	=	fünf	**und**	**zwanzig**
6	=	sechs	16	=	sech**zehn**	26	=	sechs	**und**	**zwanzig**
7	=	sieben	17	=	sieb**zehn**	27	=	sieben	**und**	**zwanzig**
8	=	acht	18	=	acht**zehn**	28	=	acht	**und**	**zwanzig**
9	=	neun	19	=	neun**zehn**	29	=	neun	**und**	**zwanzig**
10	=	**zehn**	20	=	**zwanzig**	30	=	**dreißig**		

31	=	ein	**und**	**dreißig**	41	=	ein	**und**	**vierzig**
32	=	zwei	**und**	**dreißig**	42	=	zwei	**und**	**vierzig**
33	=	drei	**und**	**dreißig**	43	=	drei	**und**	**vierzig**
34	=	vier	**und**	**dreißig**	44	=	vier	**und**	**vierzig**
35	=	fünf	**und**	**dreißig**	45	=	fünf	**und**	**vierzig**
36	=	sechs	**und**	**dreißig**	46	=	sechs	**und**	**vierzig**
37	=	sieben	**und**	**dreißig**	47	=	sieben	**und**	**vierzig**
38	=	acht	**und**	**dreißig**	48	=	acht	**und**	**vierzig**
39	=	neun	**und**	**dreißig**	49	=	neun	**und**	**vierzig**
40	=	**vierzig**			50	=	**fünfzig**		

Aufgabe 2: *Verbinde die Zahlwörter mit den richtigen Zahlen.*

achtundvierzig	91
dreiundsiebzig	84
einundneunzig	12
vierunddreißig	73
zwölf	48
vierundachtzig	37
siebenunddreißig	43
dreiundvierzig	34

KOHL VERLAG Mathe-Basics ... für Asylbewerber – Bestell-Nr. 12 210

1 Natürliche Zahlen lesen und schreiben

Die Zahlen bis 1000

Aufgabe 1: *Lies und sprich die Wörter laut und lerne sie auswendig.*

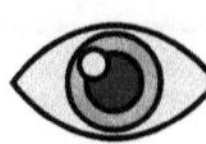 

100	=	ein**hundert**	101	=	ein**hundert**eins
200	=	zwei**hundert**	102	=	ein**hundert**zwei
300	=	drei**hundert**	103	=	ein**hundert**drei
400	=	vier**hundert**	110	=	ein**hundert**zehn
500	=	fünf**hundert**	111	=	ein**hundert**elf
600	=	sechs**hundert**	112	=	ein**hundert**zwölf
700	=	sieben**hundert**	120	=	ein**hundert**zwanzig
800	=	acht**hundert**	250	=	zwei**hundert**fünfzig
900	=	neun**hundert**	680	=	sechs**hundert**achtzig
1000	=	**eintausend**	990	=	neun**hundert**neunzig

Aufgabe 2: *Lies und sprich die Zahlwörter laut und verbinde immer das Zahlwort mit der richtigen Zahl. Welche Zahl bleibt übrig?*

		○	775
vierhundertfünfundzwanzig	○	○	404
zweihundertsiebenundfünfzig	○	○	440
siebenhundertfünfundsiebzig	○	○	425
vierhundertvier	○	○	257
fünfhundertsiebenundfünfzig	○	○	557
vierhundertvierzig	○	○	691
sechshundertneunzehn	○	○	619
neunhunderteinundsechzig	○	○	757
siebenhundertsiebenundfünfzig	○	○	961

Die Zahl ______ **bleibt übrig.**

2 Rechenzeichen und Begriffe für Operationen

Rechenzeichen und Begriffe im Überblick

Diese Grundlagen solltest du auswendig wissen.

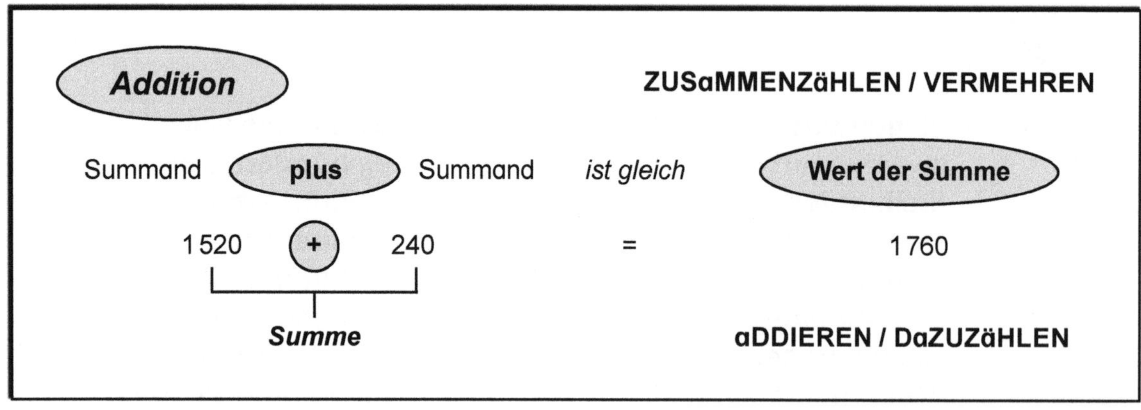

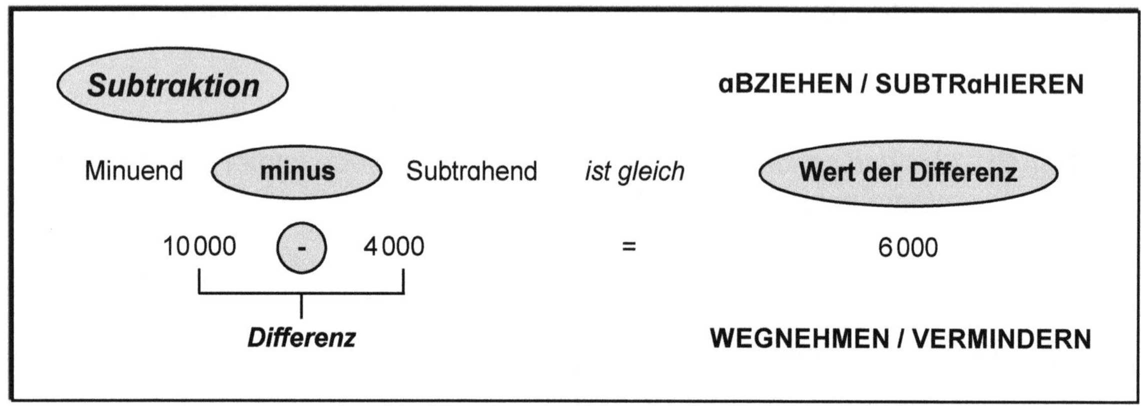

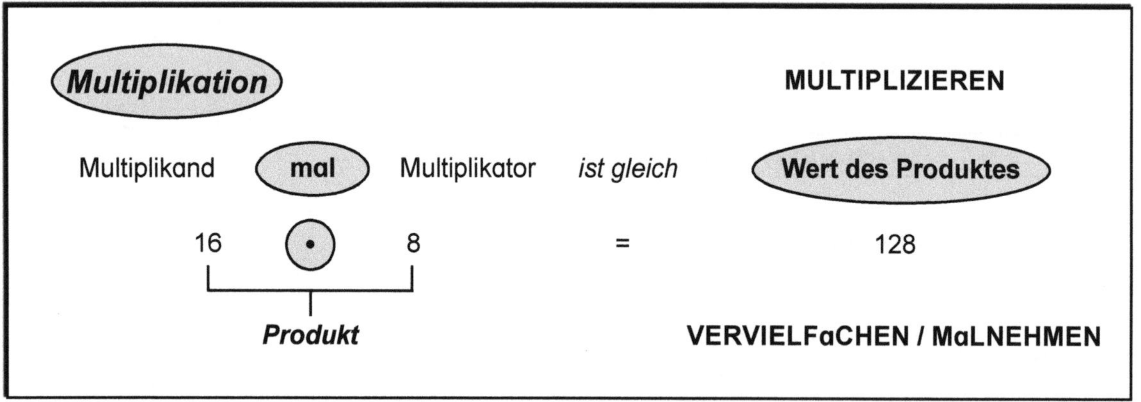

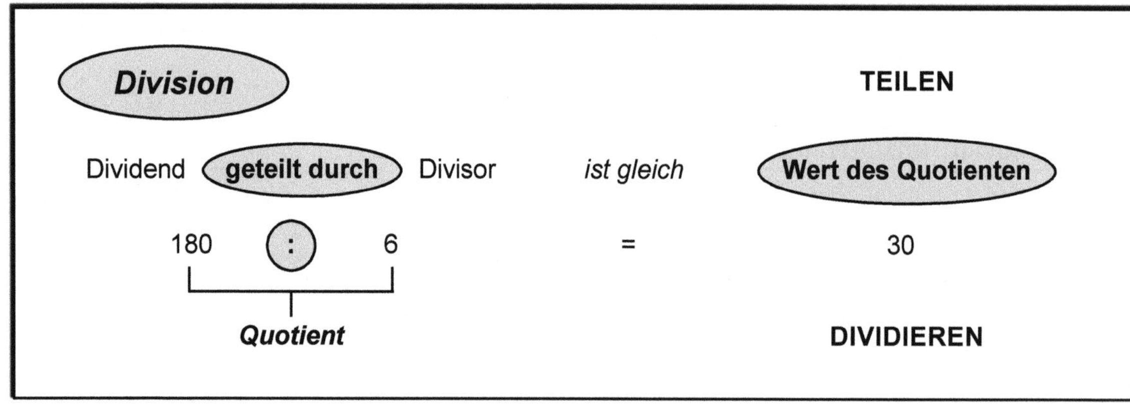

KOHL VERLAG Mathe-Basics ... für Asylbewerber – Bestell-Nr. 12 210

2 Rechenzeichen und Begriffe für Operationen

Aufgabe 1: *Erkennst du die Wörter in Geheimschrift? Schreibe die Begriffe richtig daneben und verbinde sie mit dem dazugehörigen Rechenzeichen.*

NEREIZILPITLUM = multiplizieren ○

EMMUS = ______________ ○

NOITKARTBUS = ______________ ○

NEREIDDA = ______________ ○

NOISIVID = ______________ ○

NOITAKILPITLUM = ______________ ○

NEREIHARTBUS = ______________ ○

TKUDORP = ______________ ○

NOITIDDA = ______________ ○

NEREIDIVID = ______________ ○

TNEITOUQ = ______________ ○

ZNEREFFID = ______________ ○

○ +

○ -

○ •

○ :

Aufgabe 2: *Setze die richtigen Wörter in Großbuchstaben ein.*
Die Buchstaben in den grauen Feldern ergeben das Lösungswort.
Findest du es?

Abziehen nennt man auch

Ergebnis einer Geteiltaufgabe

Eine Plusaufgabe ist eine

Anderes Wort für „dazuzählen“

Ergebnis beim Abziehen

Anderes Wort für „Geteiltaufgabe“

So nennt man eine Minusaufgabe

Ergebnis beim Malnehmen

Wenn man teilt, muss man

So nennt man eine Malaufgabe

Wenn man malnimmt, muss man

Ergebnis einer Plusaufgabe

Das Lösungswort heißt: ______________

2 Rechenzeichen und Begriffe für Operationen

Aufgabe 3: *Aus den Silben kannst du Wörter bilden, die zu einer Rechenart passen. Finde diese Wörter und schreibe sie rechts in die Zeilen.*

Diese Wörter bedeuten alle so viel wie **a __ d i __ r __ n** .

ver	gern	ein	zu	hen	fül	zusammenzählen,	Rechen-zeichen
zäh	men	hö	len	len	zäh		+
er	zu	meh	sam	ver	ein		
len	län	zah	da	ren	len		

Diese Wörter bedeuten alle so viel wie **s __ b t __ a __ i e __ e n** .

ver	ab	ver	lie	set	ben		Rechen-zeichen
neh	ge	dern	zen	brau	hen		-
kür	men	he	weg	rab	ren		
aus	ver	chen	zen	zie	min		

Diese Wörter bedeuten alle so viel wie **m __ l t __ p l __ z i __ r __ n** .

dop	chen	viel	gen	neh		Rechen-zeichen
men	fäl	mal	ver	ti		•
ver	peln	ver	fa	viel		

Diese Wörter bedeuten alle so viel wie **d __ v __ d __ e __ e n** .

tei	zer	ein	auf		Rechen-zeichen
len in	len	ver	len an		:
le	tei	gen	tei		

KOHL VERLAG Mathe-Basics ... für Asylbewerber – Bestell-Nr. 12 210

2 Rechenzeichen und Begriffe für Operationen

Aufgabe 4: *Welche Begriffe oder Ausdrücke passen jeweils zur angegebenen Rechenart? Lies genau und verbinde zusammengehörige Punkte mit Lineal und Bleistift.*

a)

„Subtrahiere die Zahl 5!“ ○

: 5 ○

○ „... bekommt um 5 mehr!“

„... ist fünfmal so lang wie ...“ ○

○ **• 5**

+ 5 ○

○ „Vermindere ... um 5!“

„... den fünften Teil des Geldes ...“ ○

○ „Dividiere ... durch 5!“

- 5 ○

○ „... für die 5-fache Strecke ...“

○ „Addiere die Zahl 5!“

---

b)

„ist halb so lang wie ... !“ ○

„Addiere 12!“ ○

„hat um 12 weniger als ...“ ○

„... kostet das Doppelte!“ ○

○ **• 2**

„Vermindere ... um 12!“ ○

○ „misst die Hälfte!“

„... wird um 12 erhöht!“ ○

○ „bekommt 12 ... dazu!“

: 2 ○

○ **- 12**

„... ist zweimal so teuer wie ...!“ ○

○ „mit zwei multipliziert ... “

○ „ist um 12 ... verkürzt!“

○ **+ 12**

○ „durch zwei geteilt ... “

KOHL VERLAG Mathe-Basics ... für Asylbewerber – Bestell-Nr. 12 210

2 Rechenzeichen und Begriffe für Operationen

Aufgabe 5: *Welche Rechnung passt zum Text?*
Ergänze die fehlenden Buchstaben (Lücken), kreuze richtig an und schreibe die zugehörige Lösung unten in das entsprechende Lösungsfeld! Rechne auch die Ergebnisse aus.

① M __ l __ i p l __ z i __ r __ die Zahl 25 mit 7! Ergebnis: ________	25 + 7		Blu
	25 - 7		Kei
	25 • 7		Son
	25 : 7		Brau

② A __ d __ e r __ die Zahlen 1 500 und 300! Ergebnis: ________	1500 + 300		nen
	1500 - 300		der
	1500 • 300		men
	1500 : 300		se

③ Berechne die D __ f f __ r e __ z aus den Zahlen 275 und 134! Ergebnis: ________	275 + 134		er
	275 - 134		blu
	275 • 134		an
	275 : 134		bril

④ D __ v __ d __ __ re die Zahl 2000 durch 400! Ergebnis: ________	2000 + 400		ge
	2000 - 400		de
	2000 • 400		len
	2000 : 400		men

⑤ Berechne das P __ o __ u __ t aus 125 und 8! Ergebnis: ________	125 + 8		kan
	125 - 8		bot
	125 • 8		ker
	125 : 8		bü

⑥ Su __ t __ a __ i e __ e von 720 die Zahl 90! Ergebnis: ________	720 + 90		ben
	720 - 90		ne
	720 • 90		gel
	720 : 90		en

①	②	③	④	⑤	⑥

Das Lösungswort heißt: ______________________________

KOHL VERLAG Mathe-Basics ... für Asylbewerber – Bestell-Nr. 12 210

3 Kopfrechnen in den Grundrechenarten

Zahlen bis 20 zerlegen

Aufgabe 1: *Verdopple die Zahlen.*
(• 2)

Zahl →	1	3	5	2	0	8	4	10	6	9
das Doppelte →										

Aufgabe 2: *Halbiere die Zahlen.*
(: 2)

Zahl →	4	10	2	14	6	0	8	20	12	16
die Hälfte →										

Aufgabe 3: *Zerlege die Zahlen auf verschiedene Arten.*

a) 10	b) 7	c) 16	d) 9
4 + 6	-	+	-
+	-	10 + 6	-
+	11 - 4	+	-
+	-	+	-
+	-	+	10 - 1

Aufgabe 4: *Verbinde immer Aufgabe und Ergebnis.*
Eine Zahl bleibt übrig. Wie heißt sie?

19 - 4 | 13 + 4 | 20 - 8 | 12 + 4 | 18 - 5 | 11 + 7 | 19 - 8

12 | 15 | 16 | 17 | 18 | 19 | 11 | 13

Die Zahl ☐ bleibt übrig.

3 Kopfrechnen in den Grundrechenarten

Zahlen bis 100 zerlegen

Aufgabe 1: *Trage die Zehner (Z) und Einer (E) ein.*

a)

	Z	E
42 →	4	2
19 →		
88 →		
3 →		
57 →		
91 →		
64 →		
35 →		

b)

	Z	E
24 →		
70 →		
7 →		
33 →		
100 →		
10 →		
99 →		
1 →		

Aufgabe 2: *Schreibe die Summe.*

a)

Z	E		
5	8	→	50 + 8 = 58
1	5	→	
7	6	→	
9	9	→	
3	0	→	
2	3	→	
0	6	→	
1	1	→	

b)

Z	E		
4	9	→	
8	0	→	
6	7	→	
2	9	→	
4	4	→	
7	2	→	
2	6	→	
8	3	→	

Aufgabe 3: *Trage die fehlenden Zahlen ein.*

a)

Z	E		
		→	32
4	5	→	
7		→	77
	6	→	96
0		→	2

b)

Z	E		
4	9	→	
10		→	100
8	0	→	
	9	→	19
0	1	→	

KOHL VERLAG
Mathe-Basics ... für Asylbewerber – Bestell-Nr. 12 210

3 Kopfrechnen in den Grundrechenarten

Zahlen bis 1000 zerlegen

Aufgabe 1: *Ergänze immer bis zur angegebenen Zahl.*

a)

100	1000
30 + 70	300 + ____
80 + ____	800 + ____
____ + 40	____ + 400
10 + ____	100 + ____
____ + 50	____ + 500

b)

20	200
17 + ____	170 + ____
____ + 15	____ + 150
13 + ____	130 + ____
____ + 11	____ + 110
18 + ____	180 + ____

c)

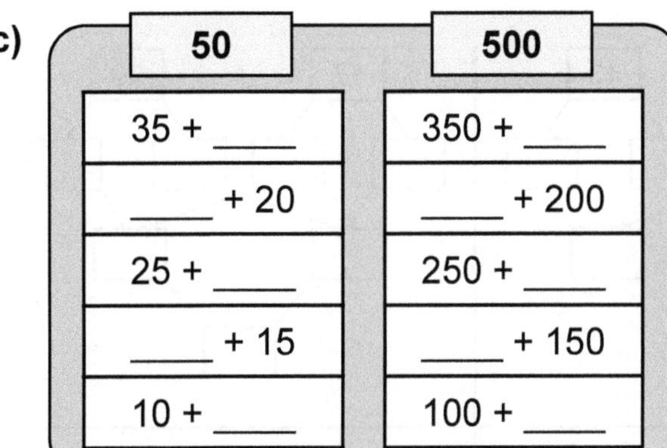

50	500
35 + ____	350 + ____
____ + 20	____ + 200
25 + ____	250 + ____
____ + 15	____ + 150
10 + ____	100 + ____

d)

70	700
30 + ____	300 + ____
____ + 60	____ + 600
20 + ____	200 + ____
____ + 45	____ + 450
15 + ____	150 + ____

Aufgabe 2: *Erfinde zu den angegebenen Zahlen Plus- und Minusaufgaben.*

a)

____ + ____

____ - ____

____ + ____

____ - ____

b)

____ + ____

____ - ____

____ + ____

____ - ____

c)

____ + ____

____ - ____

____ + ____

____ - ____

Aufgabe 3: *Trage die fehlenden Zahlen ein.*

a) Verdopple:

400	250	300	150	500

b) Halbiere:

700	900	600	1000	100

KOHL VERLAG Mathe-Basics ... für Asylbewerber – Bestell-Nr. 12 210

3 Kopfrechnen in den Grundrechenarten

Zweistellige Zahlen addieren

Erinnerst du dich? Die Aufgabe **56 + 28** kannst du zum Beispiel im Kopf ganz einfach rechnen, indem du:

- die beiden Zahlen in **Zehner** und **Einer** zerlegst.
- im Kopf rechnest: **Zehner + Zehner** und **Einer + Einer**
- und dann alles zusammenzählst!

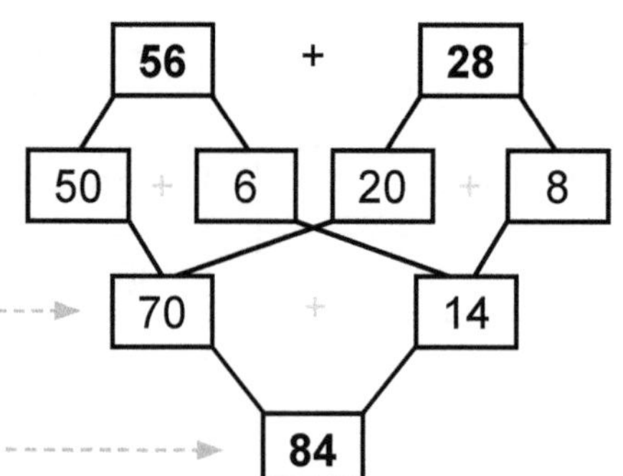

Aufgabe 1: *Rechne hier ebenso:*

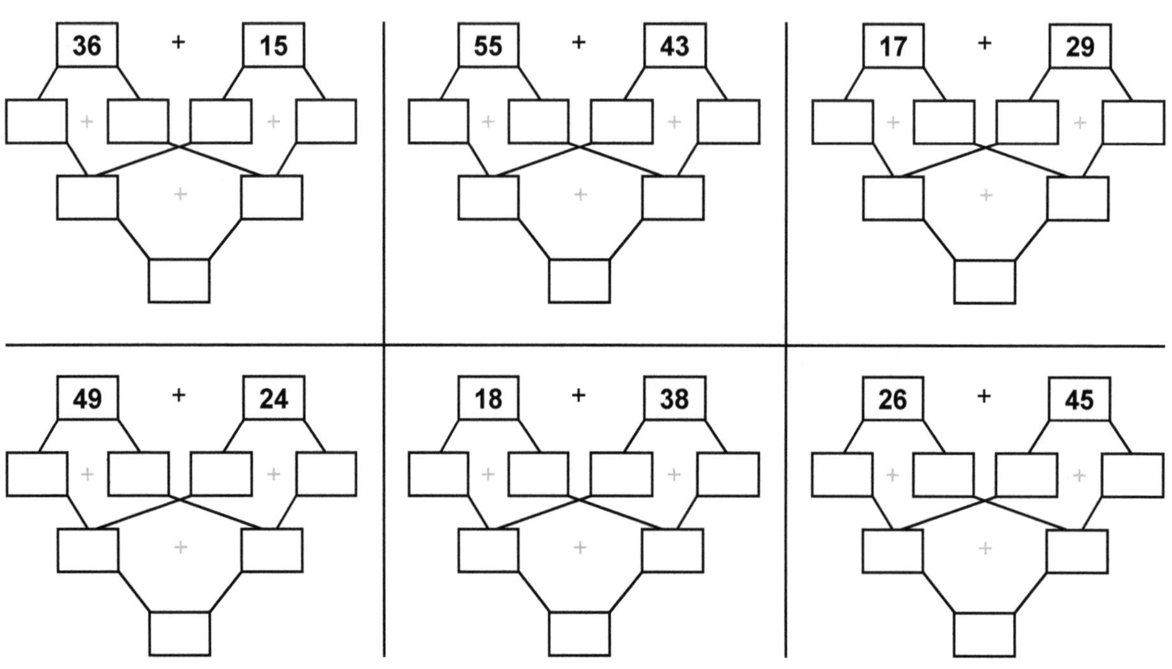

Aufgabe 2: *Rechne wie oben im Kopf. Jedem Ergebnis ist eine Kennzahl zugeordnet. Findest du die Namen der beiden Kinder heraus?*

29 + 14 = ______ T	37 + 44 = ______
34 + 59 = ______	21 + 69 = ______
16 + 39 = ______	56 + 28 = ______
47 + 45 = ______	19 + 52 = ______

93	I	84	E
81	S	55	N
92	A	~~43~~	T
71	N	90	V

Die Kinder heißen ________________ und ________________.

Mathe-Basics … für Asylbewerber – Bestell-Nr. 12 210

KOHL VERLAG

3 Kopfrechnen in den Grundrechenarten

Zweistellige Zahlen subtrahieren

Auch das Subtrahieren (im Kopf) geht viel einfacher, wenn du die Zahlen vorteilhaft zerlegst. Die Aufgabe **84 - 56** kannst du zum Beispiel ganz leicht in 2 „Stationen" rechnen, indem du die Zahl, die du abziehen möchtest, in Zehner und Einer zerlegst und ...

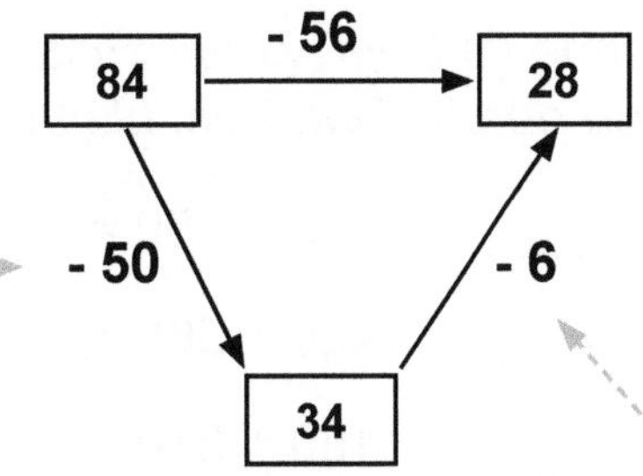

– ... zuerst die glatte Zehnerzahl abziehst *(„1. Station")*

– ... anschließend vom Ergebnis die Einerzahl abziehst *(„2. Station")*

Aufgabe 1: *Rechne hier ebenso:*

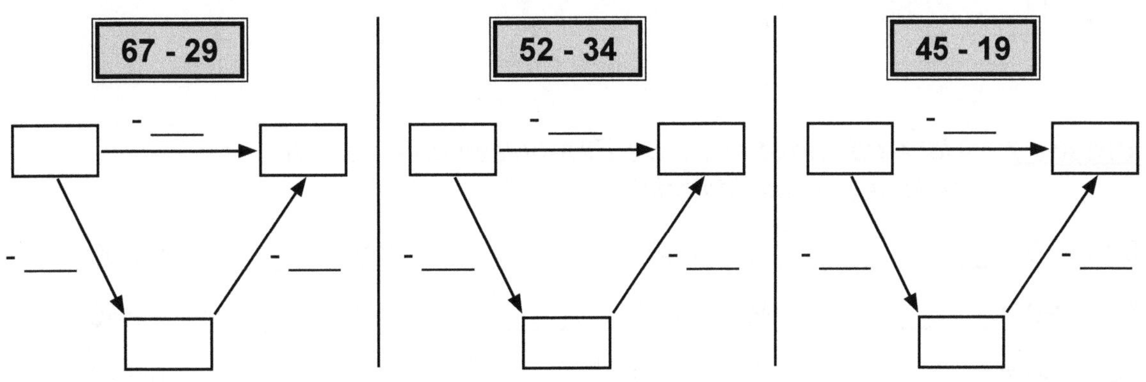

Aufgabe 2: *Rechne im Kopf. Findest du die beiden Tiernamen?*

36 - 19 = ____ ☐   84 - 48 = ____ ☐

42 - 26 = ____ ☐   67 - 39 = ____ ☐

71 - 13 = ____ ☐   93 - 25 = ____ ☐

55 - 37 = ____ ☐   48 - 29 = ____ ☐

36	I	16	U
58	N	19	L
68	E	28	G
17	H	18	D

Die Tiernamen sind ________________ und ________________.

Aufgabe 3: *Erfinde zu den Ergebnissen jeweils eine Plusaufgabe und eine Minusaufgabe mit zweistelligen Zahlen.*

	42	**55**	**37**
Plusaufgaben:	+	+	+
Minusaufgaben:	-	-	-

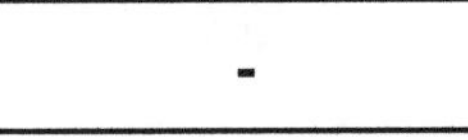

KOHL VERLAG Mathe-Basics ... für Asylbewerber – Bestell-Nr. 12 210

3 Kopfrechnen in den Grundrechenarten

Addieren und subtrahieren von Hunderter-Zehner-Zahlen

Tipp: Wenn du bei den Zahlen die Null weglässt, kannst du mit zweistelligen Zahlen einfacher rechnen. Vergiss aber nicht, die Null beim Ergebnis wieder anzuhängen.

Aufgabe 1: *Rechne im Kopf: Zähle zusammen und streiche die Ergebnisse unten durch. Eine Zahl bleibt übrig – welche?*

190 + 250 = ______	280 + 650 = ______	340 + ______ = 520
360 + 170 = ______	420 + 560 = ______	480 + ______ = 830
530 + 440 = ______	150 + 370 = ______	570 + ______ = 710
710 + 290 = ______	670 + 260 = ______	190 + ______ = 340

(930, 520, 350, 970, 610, 440, 980, 150, 530, 1000, 180, 930, 140)

Die Zahl ☐ bleibt übrig.

Aufgabe 2: *Ziehe ab und streiche die Ergebnisse unten durch. Welche Zahl bleibt übrig?*

390 - 170 = ______	510 - 330 = ______	810 - ______ = 360
650 - 290 = ______	940 - 380 = ______	470 - ______ = 260
820 - 280 = ______	380 - 190 = ______	690 - ______ = 140
440 - 160 = ______	720 - 550 = ______	330 - ______ = 220

(190, 210, 540, 170, 560, 360, 110, 280, 450, 180, 420, 550, 220)

Die Zahl ☐ bleibt übrig.

Aufgabe 3: *Rechne die Aufgaben im Kopf.*

450 + 260 =	330 + 480 =	230 + 770 =
350 - 190 =	850 - 660 =	440 - 230 =
540 + 370 =	670 + 320 =	580 + 150 =
560 - 280 =	710 - 450 =	610 - 490 =

Die kleinste Ergebniszahl ist ☐.

Die größte Ergebniszahl ist ☐.

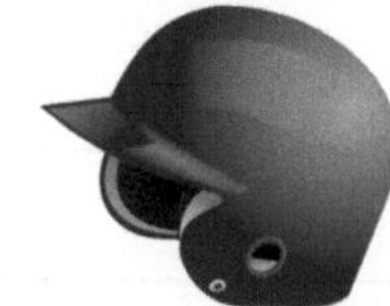

KOHL VERLAG Mathe-Basics ... für Asylbewerber – Bestell-Nr. 12 210

3 Kopfrechnen in den Grundrechenarten

Rechnen mit großen Zahlen

Aufgabe 1: *Verdopple und halbiere die Zahlen.*

a)

das Doppelte					
Zahl	8000	40000	200000	50000	120000
die Hälfte					

b)

das Doppelte					
Zahl	20000	70000	500000	140000	18000
die Hälfte					

Aufgabe 2: *Rechne im Kopf und setze ein.*

+	2600	3500	7400
3100			
1700		5200	
6400			
5900			
4500			11900

-	1800	4100	5400
9500			
6600			
12500		8400	7100
8300			
7200			

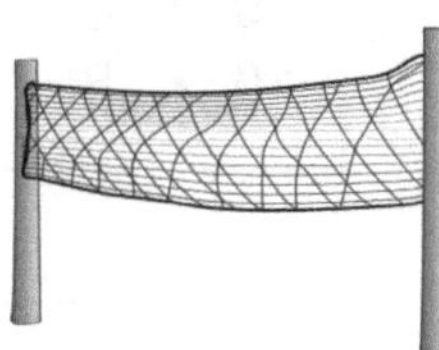

Aufgabe 3: *Mit Einern über verschiedene Stellenwerte – Rechne auch hier im Kopf.*

+ 6 →	
29998	
13095	
26895	
49997	
76994	
49998	
75999	

- 8 →	
13004	
11111	
60007	
24403	
48002	
10000	
35900	

+ 9 →	
179991	
330339	
541907	
470049	
808896	
417177	
199999	

Mathe-Basics ... für Asylbewerber – Bestell-Nr. 12 210
KOHL VERLAG

3 Kopfrechnen in den Grundrechenarten

Das kleine Einmaleins

Die Einmaleinsreihen solltest du **auswendig** können.

Einmaleins mit 10	Einmaleins mit 5	Einmaleins mit 2
1 • 10 = 10	1 • 5 = 5	1 • 2 = 2
2 • 10 = 20	2 • 5 = 10	2 • 2 = 4
3 • 10 = 30	3 • 5 = 15	3 • 2 = 6
4 • 10 = 40	4 • 5 = 20	4 • 2 = 8
5 • 10 = 50	5 • 5 = 25	5 • 2 = 10
6 • 10 = 60	6 • 5 = 30	6 • 2 = 12
7 • 10 = 70	7 • 5 = 35	7 • 2 = 14
8 • 10 = 80	8 • 5 = 40	8 • 2 = 16
9 • 10 = 90	9 • 5 = 45	9 • 2 = 18
10 • 10 = 100	10 • 5 = 50	10 • 2 = 20

Einmaleins mit 4	Einmaleins mit 8	Einmaleins mit 3
1 • 4 = 4	1 • 8 = 8	1 • 3 = 3
2 • 4 = 8	2 • 8 = 16	2 • 3 = 6
3 • 4 = 12	3 • 8 = 24	3 • 3 = 9
4 • 4 = 16	4 • 8 = 32	4 • 3 = 12
5 • 4 = 20	5 • 8 = 40	5 • 3 = 15
6 • 4 = 24	6 • 8 = 48	6 • 3 = 18
7 • 4 = 28	7 • 8 = 56	7 • 3 = 21
8 • 4 = 32	8 • 8 = 64	8 • 3 = 24
9 • 4 = 36	9 • 8 = 72	9 • 3 = 27
10 • 4 = 40	10 • 8 = 80	10 • 3 = 30

Einmaleins mit 6	Einmaleins mit 9	Einmaleins mit 7
1 • 6 = 6	1 • 9 = 9	1 • 7 = 7
2 • 6 = 12	2 • 9 = 18	2 • 7 = 14
3 • 6 = 18	3 • 9 = 27	3 • 7 = 21
4 • 6 = 24	4 • 9 = 36	4 • 7 = 28
5 • 6 = 30	5 • 9 = 45	5 • 7 = 35
6 • 6 = 36	6 • 9 = 54	6 • 7 = 42
7 • 6 = 42	7 • 9 = 63	7 • 7 = 49
8 • 6 = 48	8 • 9 = 72	8 • 7 = 56
9 • 6 = 54	9 • 9 = 81	9 • 7 = 63
10 • 6 = 60	10 • 9 = 90	10 • 7 = 70

KOHL VERLAG Mathe-Basics ... für Asylbewerber – Bestell-Nr. 12 210

3 Kopfrechnen in den Grundrechenarten

Das kleine Einmaleins – Übungen

Aufgabe 1: *Trage die Ergebnisse in die Rechentafeln ein.*

•	8	4	7	6
9				
7				
3				
6				

•	2	9	5	10
8				
4				
6				
7				

•		8		9
5			20	
				18
		48		
3	21			

Aufgabe 2: *Hier sind zwei Aufgaben falsch gerechnet. Findest du sie? Streiche diese Aufgaben durch und rechne unten richtig.*

6 • 4 = 24 | 9 • 8 = 72 | 6 • 7 = 42 | 7 • 2 = 14 | 6 • 9 = 54

5 • 7 = 35 | 9 • 5 = 45 | 3 • 8 = 24 | 4 • 7 = 32

4 • 8 = 32 | 7 • 9 = 54 | 8 • 6 = 48 | 5 • 8 = 40 | 6 • 2 = 12

a) ________________ **b)** ________________

Aufgabe 3: *Immer zwei Aufgaben haben das gleiche Ergebnis. Verbinde diese.*

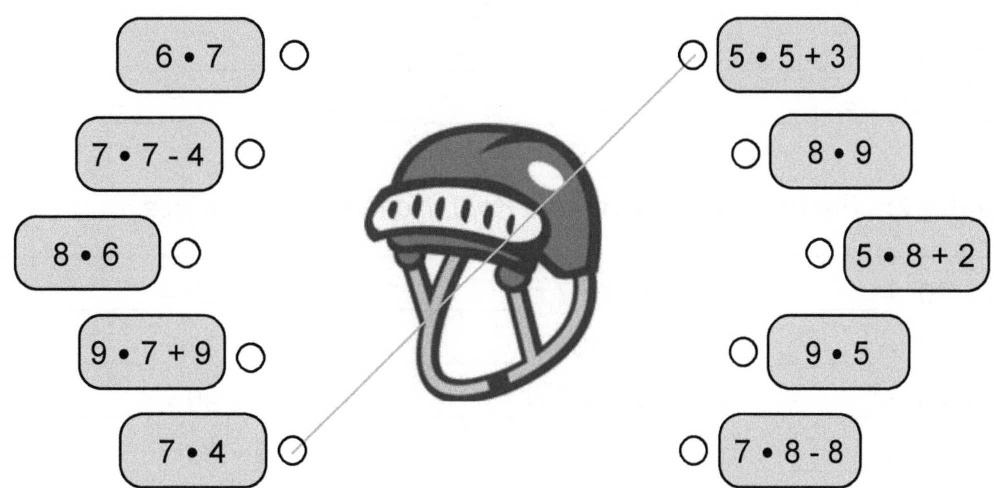

Aufgabe 4: *Ergänze die fehlenden Zahlen.*

: 7	
21	
	8
35	
	2
63	

: 9	
	7
45	
	3
72	
	6

: 4	
36	
	5
28	
	3
16	

: 6	
	9
30	
	7
18	
	4

KOHL VERLAG Mathe-Basics ... für Asylbewerber – Bestell-Nr. 12 210

3 Kopfrechnen in den Grundrechenarten

Vom kleinen Einmaleins zum großen Einmaleins

Auf den vorhergehenden Seiten hast du gezeigt, dass du das kleine Einmaleins beherrschst. Somit kannst du auch die „großen" Einmaleinsaufgaben leicht lösen. Diese Aufgaben sind nämlich miteinander verwandt, wie du leicht feststellen kannst:

Einmal*eins*	Einmal*zehn*	Einmal*hundert*
7 • 5	**7 • 50**	**7 • 500**
= 7 • 5 • **1**	= 7 • 5 • **10**	= 7 • 5 • **100**
= 35	= 350	= 3500

Aufgabe 1: *Zerlege und rechne ebenso.*

5 • 40	= 5 • 4 • 10	= 20 • 10	= 200
3 • 600	= 3 • 6 • 100	= 18 • 100	= ______
2 • 80	= 2 • 8 • 10	= ______	= ______
6 • 300	= ______	= ______	= ______
4 • 70	= ______	= ______	= ______
7 • 200	= ______	= ______	= ______
3 • 90	= ______	= ______	= ______
5 • 300	= ______	= ______	= ______
20 • 50	= ______	= ______	= ______
20 • 500	= ______	= ______	= ______
50 • 30	= ______	= ______	= ______

Aufgabe 2: *Rechne die Aufgaben im Kopf. Notiere das Ergebnis.*

5 • 90 = ______	800 • 7 = ______	50 • 90 = ______
60 • 3 = ______	9 • 400 = ______	60 • 30 = ______
4 • 90 = ______	300 • 6 = ______	40 • 90 = ______
70 • 8 = ______	9 • 500 = ______	70 • 80 = ______

Aufgabe 3: *Rechne weiter.*

8 • ______ = 160	______ • 900 = 6300	50 • ______ = 2000
______ • 7 = 490	700 • ______ = 2800	______ • 60 = 3000
40 • ______ = 200	______ • 7 = 3500	20 • ______ = 1800
______ • 80 = 720	4 • ______ = 3600	______ • 80 = 5600

KOHL VERLAG Mathe-Basics ... für Asylbewerber – Bestell-Nr. 12 210

3 Kopfrechnen in den Grundrechenarten

Malnehmen und teilen von großen Zahlen

Beispiele:

Multiplikation → 60 • 800 →
1. Ich rechne die „kleine" Aufgabe, also: 6 • 8 = 48
2. Ich zähle die Anzahl der End-Nullen: 6**0** • 8**00**
3. Ich hänge diese Nullen an mein Ergebnis an: 48**000**

Division → 24 000 : 60 →
1. Ich streiche die gleiche Anzahl an Nullen weg, also: 24 00~~0~~ : 6~~0~~
2. Ich rechne mit dem einstelligen Divisor weiter: 2 400 : 6 = 400

Aufgabe 1: *Multipliziere und ergänze die Ergebniszahlen.*

• 9	
6	
60	
600	
6 000	
60 000	

• 7	
8	
80	
800	
8 000	
80 000	

• 4	
9	
90	
900	
9 000	
90 000	

Aufgabe 2: *Trage die fehlenden Ergebnisse ein.*

•	20	500	8 000
10			
6			
40			

•	50	400	6 000
50			
700			
20			

Aufgabe 3: *Dividiere und ergänze die Ergebniszahlen.*

: 8	
72	
720	
7 200	
1 600	
16 000	

: 6	
24	
240	
2 400	
3 000	
30 000	

: 3	
27	
270	
2 700	
18 000	
21 000	

Aufgabe 4: *Trage die fehlenden Ergebnisse ein.*

:	3	60	200
120 000			
180 000			
240 000			

:	40	200	8 000
320 000			
400 000			
160 000			

KOHL VERLAG Mathe-Basics ... für Asylbewerber – Bestell-Nr. 12 210

Schriftlich addieren und subtrahieren – wichtige Grundlagen

Der Überschlag

Du kannst schon vor einer schriftlichen Rechnung eine schnelle und grobe **Kontrolle des zu erwartenden Ergebnisses** ganz leicht durchführen, indem du die Aufgabe im Kopf „überschlägst“.

Beim **Überschlag** rechnest du anstelle der eigentlichen Zahlen mit gerundeten, „glatten“ Nachbarzahlen.

Beispiel: Die Zahlen 328, 1083, 84 und 537 sollen addiert werden.

1. Ich **runde** zunächst die angegebenen Zahlen: 300 1100 100 500
2. Ich **überschlage** die Rechnung im Kopf: (Das heißt ich addiere im Kopf!) **Ü:** 300 + 1100 + 100 + 500 = 2000

So groß muss mein Ergebnis ungefähr sein.

3. Ich **rechne** die Aufgabe schriftlich:

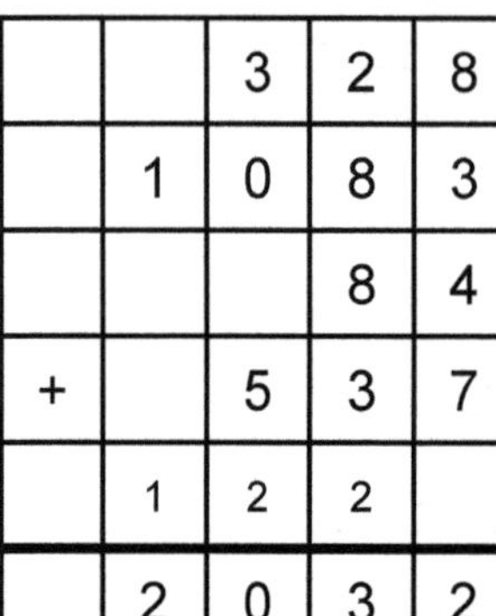

		3	2	8
	1	0	8	3
			8	4
+		5	3	7
	1	2	2	
	2	0	3	2

4. Ich vergleiche Überschlag und Ergebnis!

2032 liegt in der Nähe von 2000. **Meine Rechnung scheint zu stimmen!**

Diese grundlegenden Dinge solltest du außerdem berücksichtigen.

Aufgabe: *Trage in die Lücken im Text die fehlenden Wörter ein.*

Beim schriftlichen Rechnen lassen sich ______________ sehr oft vermeiden, wenn man _____________ und __________________________ arbeitet. Beim Zusammenzählen oder Abziehen ist es zum Beispiel ganz wichtig, dass die einzelnen _________________ stellengerecht _________________________ geschrieben werden. Also ______________ unter _____________, Zehner _____________ Zehner usw. Für ___________________ (z. B. „Eins an“) sollte genügend __________ frei gelassen werden. Für ___________ oder ___________________________ verwendet man immer ein _______________! Vor jeder schriftlichen Rechnung sagt mir der ______________________, wie groß mein ___________________ ungefähr sein wird!

Diese Wörter helfen dir:

unter – übersichtlich – Einer – Fehler – Überträge – Lineal – sauber – Einer – Ziffern – unter – Linien – Überschlag – untereinander – Platz – Unterstreichungen – Ergebnis

Mathe-Basics ... für Asylbewerber – Bestell-Nr. 12 210
KOHL VERLAG

4 Übung der schriftlichen Rechenverfahren

Schriftlich addieren

Aufgabe 1: *Zähle schriftlich zusammen (Überschlage jede Aufgabe vorher im Kopf).*

(ohne Überschreitung)

	T	H	Z	E
	3	1	4	3
+	3	2	3	5

	T	H	Z	E
	5	7	3	2
+	2	1	5	4

	T	H	Z	E
	7	4	4	6
+		2	5	0

	T	H	Z	E
	2	8	3	0
+	6	1	0	7

	T	H	Z	E
	1	0	9	1
+		9	0	5

(mit Überschreitung)

	T	H	Z	E
	4	1	3	6
+	2	6	4	5

	T	H	Z	E
	1	3	8	0
+	6	9	4	5

	T	H	Z	E
	7	8	9	9
+	1	1	0	1
+		9	9	8

	T	H	Z	E
	1	3	7	4
+		8	1	8
+	5	5	8	5

	T	H	Z	E
		5	0	5
+	4	9	4	7
+	1	7	1	9

Aufgabe 2: *Die Zahlen werden nun etwas größer.*
Trage die Aufgaben zunächst in die Stellentafel ein und addiere dann.

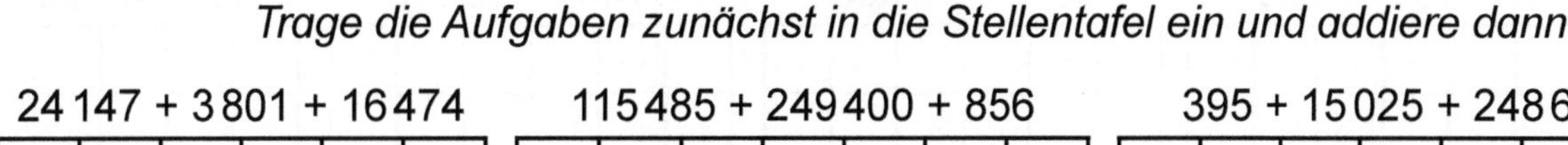

24 147 + 3 801 + 16 474 | 115 485 + 249 400 + 856 | 395 + 15 025 + 248 639

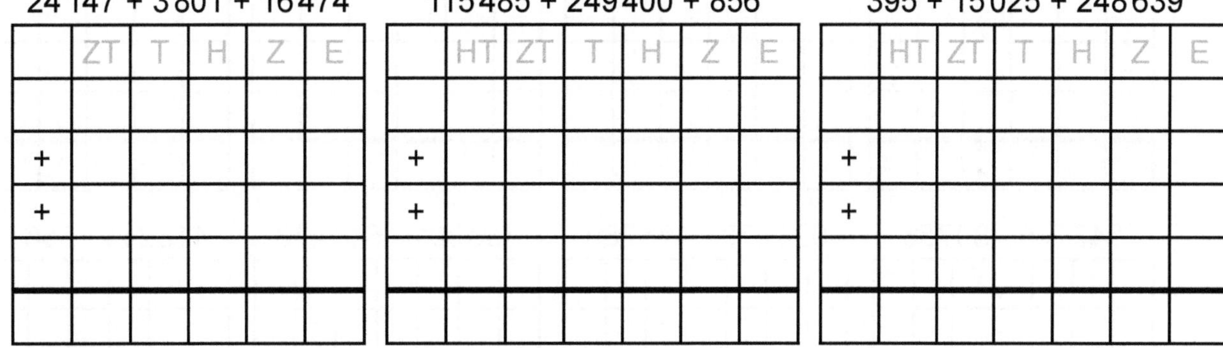

	ZT	T	H	Z	E
+					
+					

	HT	ZT	T	H	Z	E
+						
+						

	HT	ZT	T	H	Z	E
+						
+						

Aufgabe 3: *Schreibe richtig untereinander und addiere. Streiche die Ergebnisse unten durch. Welche Zahl bleibt übrig?*

705 469 + 23 708 + 113 796

4 727 + 109 258 + 62 039

537 256 + 94 104 + 211 577

47 270 + 9 347 + 110 425

(176 024, 842 937, 167 024, 842 973, 167 042)

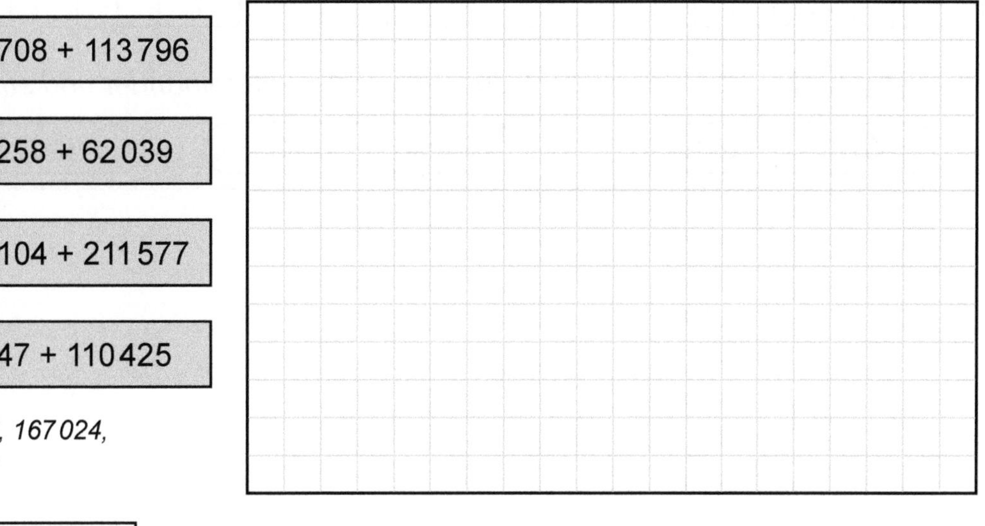

Die Zahl ________ bleibt übrig.

KOHL VERLAG Mathe-Basics ... für Asylbewerber – Bestell-Nr. 12 210

4 Übung der schriftlichen Rechenverfahren

Schriftlich subtrahieren

Je nach Bundesland werden beim schriftlichen Subtrahieren unterschiedliche Rechenverfahren praktiziert.

Rechne bitte so, wie <u>du</u> es gelernt hast.

<u>Aufgabe 1</u>: *Ziehe schriftlich ab und mache zur Probe die Umkehraufgabe.*

Aufgabe (Beispiel)

	T	H	Z	E
	6	8	4	2
-	2	3	2	1
	4	5	2	1

Probe

	T	H	Z	E
	4	5	2	1
+	2	3	2	1
	6	8	4	2

Aufgabe

	T	H	Z	E
	5	3	6	8
-	4	2	5	7

Probe

	T	H	Z	E
+				

Aufgabe

	T	H	Z	E
	8	7	4	5
-	4	5	3	6

Probe

	T	H	Z	E
+				

Aufgabe

	T	H	Z	E
	4	1	2	1
-	2	0	1	7

Probe

	T	H	Z	E
+				

<u>Aufgabe 2</u>: *Trage die Aufgaben in die Stellentafel ein und subtrahiere.*

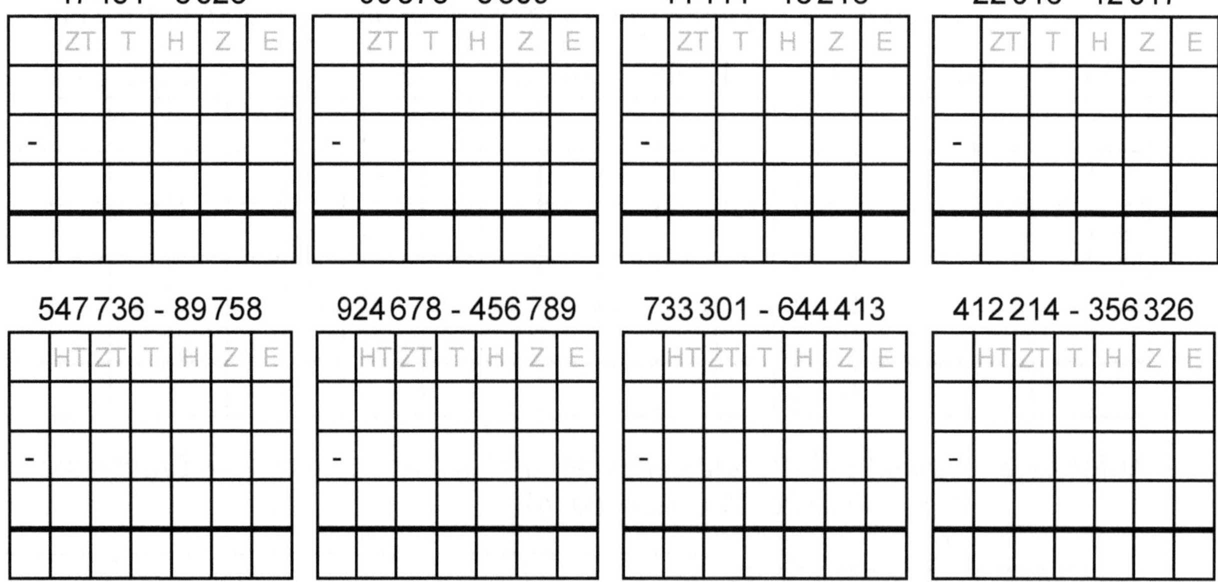

<u>Aufgabe 3</u>: *Schreibe die Zahlenpaare richtig untereinander und subtrahiere.*

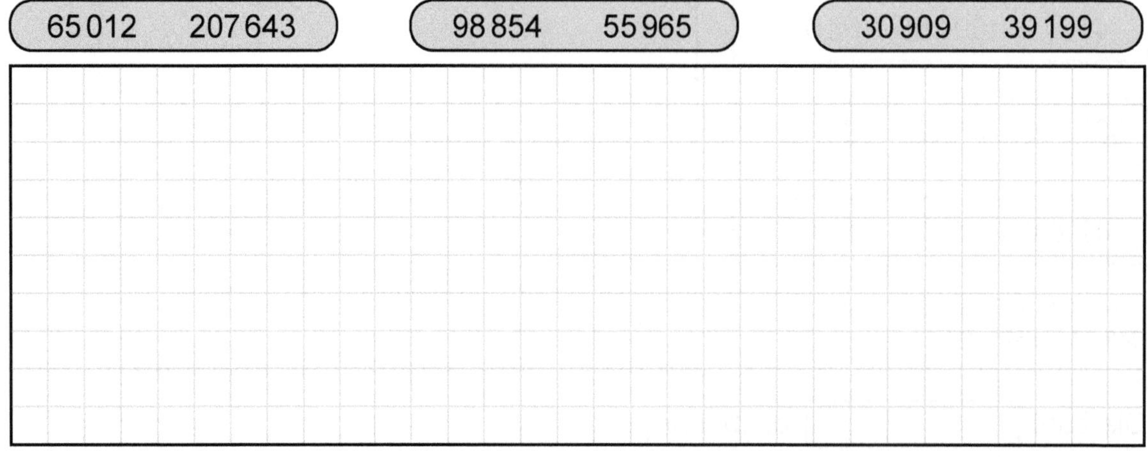

4 Übung der schriftlichen Rechenverfahren

Schriftlich multiplizieren mit einstelligen Zahlen

Aufgabe 1: *Zur Wiederholung: Rechnen mit Hilfe der Stellentafel. Setze ein.*

Beispiel:

T	H	Z	E				T	H	Z	E
2	3	1	2	•	3	=	6	9	3	6
			2	•	3	=				6
		1	0	•	3	=			3	0
	3	0	0	•	3	=		9	0	0
2	0	0	0	•	3	=	6	0	0	0
2	3	1	2	•	3	=	6	9	3	6

T	H	Z	E				T	H	Z	E
1	2	2	1	•	4	=				
			1	•	4	=				
		2	0	•	4	=				
	2	0	0	•	4	=				
1	0	0	0	•	4	=				
1	2	2	1	•	4	=				

T	H	Z	E				T	H	Z	E
2	3	2	4	•	3	=				
				•	3	=				
				•	3	=				
				•	3	=				
				•	3	=				
				•	3	=				

T	H	Z	E				T	H	Z	E
1	4	8	3	•	5	=				
				•	5	=				
				•	5	=				
				•	5	=				
				•	5	=				
				•	5	=				

T	H	Z	E				T	H	Z	E
3	2	9	0	•	3	=				

T	H	Z	E				T	H	Z	E
4	8	6	9	•	2	=				

Aufgabe 2: *Übe in der Kurzform weiter. Überschlage das Ergebnis vorher grob.*

5	2	3	7	•	4

Überschlag: ____________

7	8	0	9	•	6

Überschlag: ____________

5	0	9	0	8	•	7

Überschlag: ____________

1	0	9	8	0	•	5

Überschlag: ____________

4	5	0	0	7	•	9

Überschlag: ____________

6	2	5	7	4	•	8

Überschlag: ____________

Aufgabe 3: *Drei Ergebnisse sind falsch. Mache den Überschlag und finde die Fehler.*

•	6	9	7	5
5821	34926	68389	40747	29105
20865	125190	187785	146055	125325
49445	296670	445005	556115	247225

Diese Ergebnisse sind falsch:

____________ ____________ ____________

KOHL VERLAG Mathe-Basics ... für Asylbewerber – Bestell-Nr. 12 210

Übung der schriftlichen Rechenverfahren

Schriftlich multiplizieren mit zweistelligen Zahlen

Beim Multiplizieren mit zweistelligen oder dreistelligen Zahlen musst du besonders auf das **genaue Untereinanderschreiben** der Stellenwerte achten.

Beispiel:

					Z	E
2	5	4	2	•	2	3
		5	0	8	4	0
			7	6	2	6
		5	8	4	6	6

					H	Z	E
1	8	2	4	•	2	7	6
		3	6	4	8	0	0
		1	2	7	6	8	0
			1	0	9	4	4
		5	0	3	4	2	4

Achte beim Rechnen auch auf die Nullen! Denke daran: Wenn die Zahl, mit der du malnimmst gleich **0** ist, dann ist auch das Ergebnis gleich **0**.

Aufgabe 1: *Multipliziere mit zweistelligen Zahlen. Mache vorher den Überschlag.*

3	2	6	•	3	8
+					

Überschlag: ______________

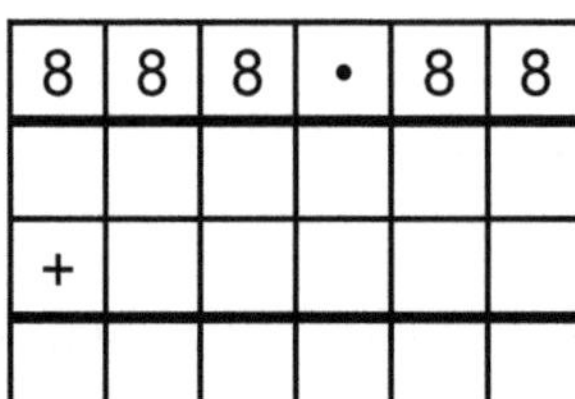

8	8	8	•	8	8
+					

Überschlag: ______________

6	0	9	4	•	2	3
+						

Überschlag: ______________

5	7	0	5	•	6	9
+						

Überschlag: ______________

Aufgabe 2: *Multipliziere schriftlich.*

6	3	5	4	•	2	8
+						

5	0	7	0	•	5	9
+						

1	9	7	0	5	•	6	6
+							

Aufgabe 3: *Zwei Rechnungen sind falsch. Finde die Fehler und berichtige sie.*

6	0	8	9	•	4	2
	2	4	3	5	6	
+		1	2	1	7	8
	2	5	5	7	3	8

3	0	0	3	•	2	7
		6	0	0	6	
+			2	1	2	1
		6	2	1	8	1

7	0	8	0	•	5	5
	3	5	4	0	0	
+		3	5	4	0	0
	3	8	9	4	0	0

9	9	9	9	•	8	9
		7	9	9	2	
+		8	9	9	9	1
	1	6	9	9	1	1

Ich rechne richtig:

				•		
+						

				•		
+						

KOHL VERLAG Mathe-Basics ... für Asylbewerber – Bestell-Nr. 12 210

4 Übung der schriftlichen Rechenverfahren

Schriftlich multiplizieren mit dreistelligen Zahlen

Aufgabe 1: *Multipliziere schriftlich.*

1	7	3	•	2	5	2
					0	0
+						0
+						

8	2	5	•	3	6	8
					0	0
+						0
+						

2	5	7	9	•	1	2	6
+							
+							

1	9	9	8	•	4	7	9
+							
+							

Aufgabe 2: *Multipliziere. Achte auf die Null.*

3	1	5	•	4	0	1
+						
+						

8	6	6	•	8	8	0
+						
+						

4	2	2	5	•	2	0	9
+							
+							

3	0	6	0	•	3	2	0
+							
+							

Aufgabe 3: *Rechne die Aufgaben und streiche die Ergebnisse unten durch. Welche Zahl bleibt übrig?*

225 • 117 | 341 • 278 | 1545 • 214 | 1507 • 648 | 1005 • 550

(330 630, 552 750, 94 798, 360 600, 26 325, 976 536)

Die Zahl ______ bleibt übrig.

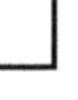

KOHL VERLAG
Mathe-Basics ... für Asylbewerber – Bestell-Nr. 12 210

4 Übung der schriftlichen Rechenverfahren

Schriftlich dividieren durch einstellige Zahlen

Aufgabe 1: *Zur Wiederholung: Rechnen mit Hilfe der Stellentafel. Rechne zu Ende.*

Beispiel:

T	H	Z	E				T	H	Z	E
9	4	2	4	:	4	=	2	3	5	6
- 8										
1	4									
- 1	2									
	2	2								
-	2	0								
		2	4							
	-	2	4							
			0							

T	H	Z	E				T	H	Z	E
8	7	4	5	:	5	=	1			
- 5										
3	7									
-										
-										
	-									

T	H	Z	E				T	H	Z	E
9	5	0	6	:	7	=	1			
- 7										
2	5									
-										
-										
	-									

Achte beim Rechnen auch auf die Nullen!
Denke daran: **0** : 3 = **0** **0** • 3 = **0**

Aufgabe 2: *Dividiere und mache die Probe mit der Umkehraufgabe.*

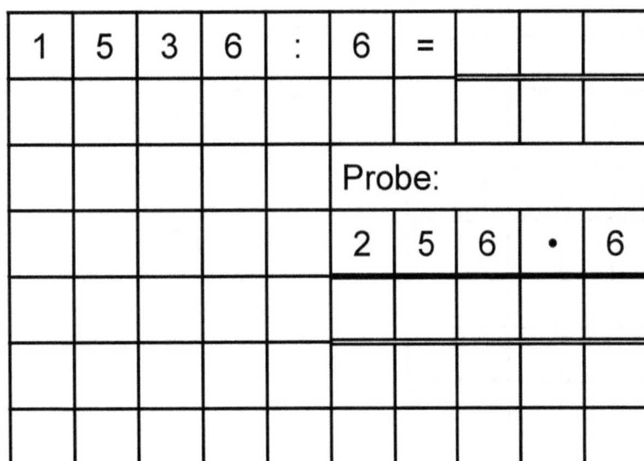

1	5	3	6	:	6	=			
					Probe:				
					2	5	6	•	6

3	4	1	1	:	9	=			
					Probe:				
								•	

2	9	1	9	:	7	=			
					Probe:				
								•	

6	0	0	6	:	7	=			
					Probe:				
								•	

4 Übung der schriftlichen Rechenverfahren

Schriftlich dividieren durch einstellige Zahlen

Aufgabe 2 (Fortsetzung): *Dividiere und mache die Probe mit der Umkehraufgabe.*

8	1	0	9	:	9	=			
					Probe:				
								•	

3	5	5	0	:	5	=			
					Probe:				
								•	

Aufgabe 3: *Hier bleibt beim Teilen ein Rest.*

	9	8	7	3	:	5	=					**R**	
-													
-													
	-							Probe:					
												•	
		-											
									+				

	6	0	0	0	0	:	9	=					**R**	
-														
	-													
		-							Probe:					
													•	
			-											
									+					

KOHL VERLAG
Mathe-Basics ... für Asylbewerber – Bestell-Nr. 12 210

4 Übung der schriftlichen Rechenverfahren

Schriftlich dividieren durch zweistellige Zahlen

Es wird zunächst kurz das Teilen durch Zehnerzahlen wiederholt. Dazu solltest du die Aufgaben des Zehner-Einmaleins beherrschen. Anschließend werden Aufgaben geübt, bei denen der Teiler eine gemischte Zehnerzahl ist. Hier kommt es vor allem darauf an, dass du die Probe mit dem passenden Divisor sicher im Kopf durchführen kannst.

Aufgabe 1: *Dividiere durch Zehnerzahlen. Rechne die Aufgaben fertig. Mache die Probe.*

	8	8	2	0	:	7	0	=	1		
-	7	0									
	1	8				Probe:					
-									•	7	0
	-										

	3	1	4	4	0	:	6	0	=	5			
-	3	0	0										
		1	4					Probe:					
	-										•	6	0
		-											

	3	1	8	6	0	:	9	0	=				
-													
								Probe:					
	-										•		
		-											

	6	7	9	7	0	:	7	0	=				
-													
								Probe:					
	-										•		
		-											

Aufgabe 2: *Jetzt wird es etwas schwieriger: Teile und rechne die Probe.*

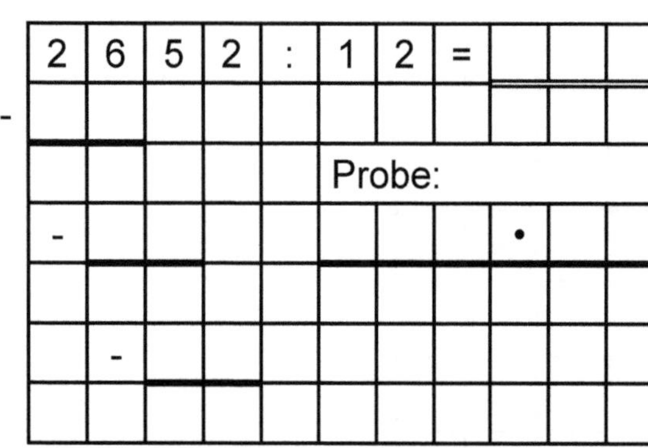

	2	6	5	2	:	1	2	=			
-											
						Probe:					
	-								•		
		-									

	2	4	3	6	:	4	2	=			
-											
						Probe:					
	-								•		

	1	3	5	1	5	:	5	1	=				
-													
								Probe:					
	-										•		
		-											

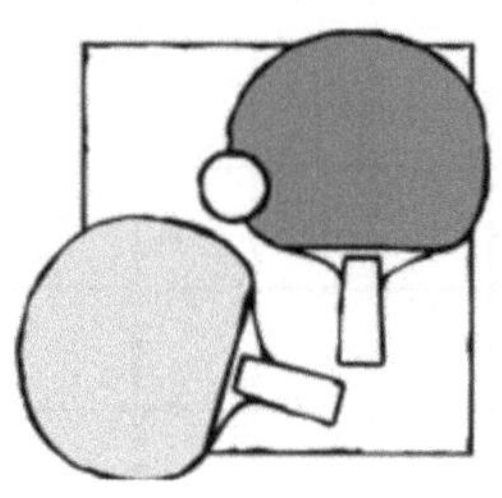

KOHL VERLAG Mathe-Basics ... für Asylbewerber – Bestell-Nr. 12 210

4 Übung der schriftlichen Rechenverfahren

Schriftlich dividieren durch zweistellige Zahlen

Aufgabe 2 (Fortsetzung): *Teile und rechne die Probe.*

2	1	2	4	3	:	7	3	=				
-												
						Probe:						
-										•		
		-										

1	4	4	7	6	:	4	7	=				
						Probe:						
										•		

3	7	2	4	9	6	:	6	2	=				
							Probe:						
											•		

KOHL VERLAG Lernen mit Erfolg
Mathe-Basics ... für Asylbewerber – Bestell-Nr. 12 210

5 Umgang mit Größen

Längenmaße im Überblick

Aufgabe 1: *Ergänze zuerst die fehlenden Wörter. Lies und sprich sie dann laut.*

Das ist **ein** ____________________. Man kann auch schreiben: **1** _____.

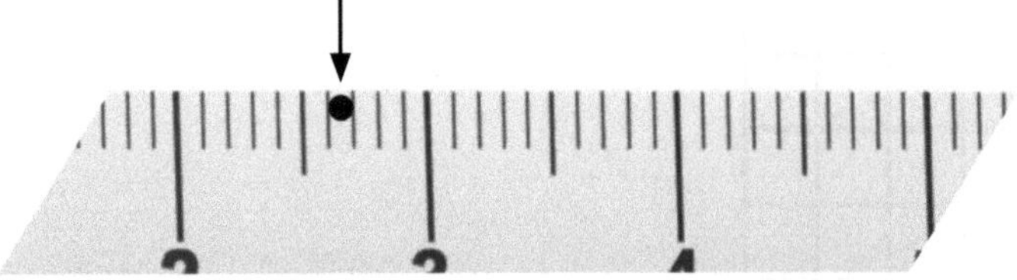

Die kleinsten Striche auf dem Lineal zeigen die Länge in ________________.

Das ist **ein** ____________________. Man kann auch schreiben: **1** _____.

Zehn ________________ auf dem Lineal sind so lang wie **ein** ______________.

Das ist **ein** ____________________. Man kann auch schreiben: **1** _____.

Zehn ________________ auf dem Lineal sind so lang wie **ein** ______________.

Das ist **ein** ___________. Man kann auch schreiben: **1** ____.

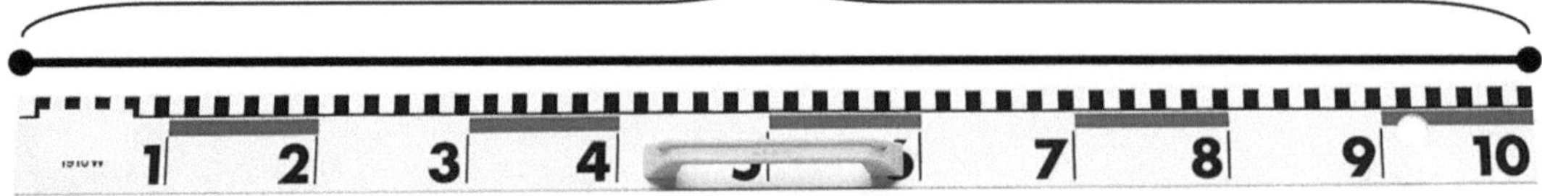

Zehn ________________ sind so lang wie **ein** ___________.

Zur Wiederholung:

Ein Zentimeter hat ____ Millimeter.

Ein Dezimeter hat ____ Zentimeter.

Ein Meter hat ____ Dezimeter = _________ Zentimeter = _________ Millimeter.

KOHL VERLAG Mathe-Basics ... für Asylbewerber – Bestell-Nr. 12 210

5 Umgang mit Größen

Längenmaße angeben

Aufgabe 1: *Ordne richtig zu und verbinde die Längenangaben.*

35 mm	drei	Meter
16 cm	vierundzwanzig	Millimeter
7 m	sechzehn	Dezimeter
3 dm	fünfunddreißig	Meter
24 mm	fünfzehn	Millimeter
70 cm	elf	Zentimeter
15 m	sieben	Dezimeter
91 cm	neunzehn	Zentimeter
11 dm	siebzig	Millimeter
19 mm	siebzehn	Meter
17 m	einundneunzig	Zentimeter

Aufgabe 2: *Schreibe die Längenangaben als Zahl mit Komma und zerlege sie.*

(das) Komma ,

Beispiel: „zwei Komma fünf Zentimeter“ = **2,5 cm** = 2 cm + 5 mm

„sieben Komma fünf Zentimeter“ = ______________________

„drei Komma zwei Meter“ = ______________________

„acht Komma acht Zentimeter“ = ______________________

„null Komma fünf Meter“ = ______________________

„eins Komma drei Dezimeter“ = ______________________

Aufgabe 3: *Lies und sprich alle Längenangaben aus Aufgabe 1 und 2 mehrmals laut.*

Aufgabe 4: *Rechne in die angegebene Einheit um.*

mm		cm		dm
100	=		=	
	=	50	=	
1200	=		=	
	=		=	2
900	=		=	

mm		cm		dm
	=		=	3,5
850	=		=	
	=	44	=	
	=		=	1,8
660	=		=	

KOHL VERLAG Mathe-Basics ... für Asylbewerber – Bestell-Nr. 12 210

5 Umgang mit Größen

Messen von Längen

Aufgabe 1: *Wie lang sind die angegebenen Strecken? Lies ab und schreibe auf.*

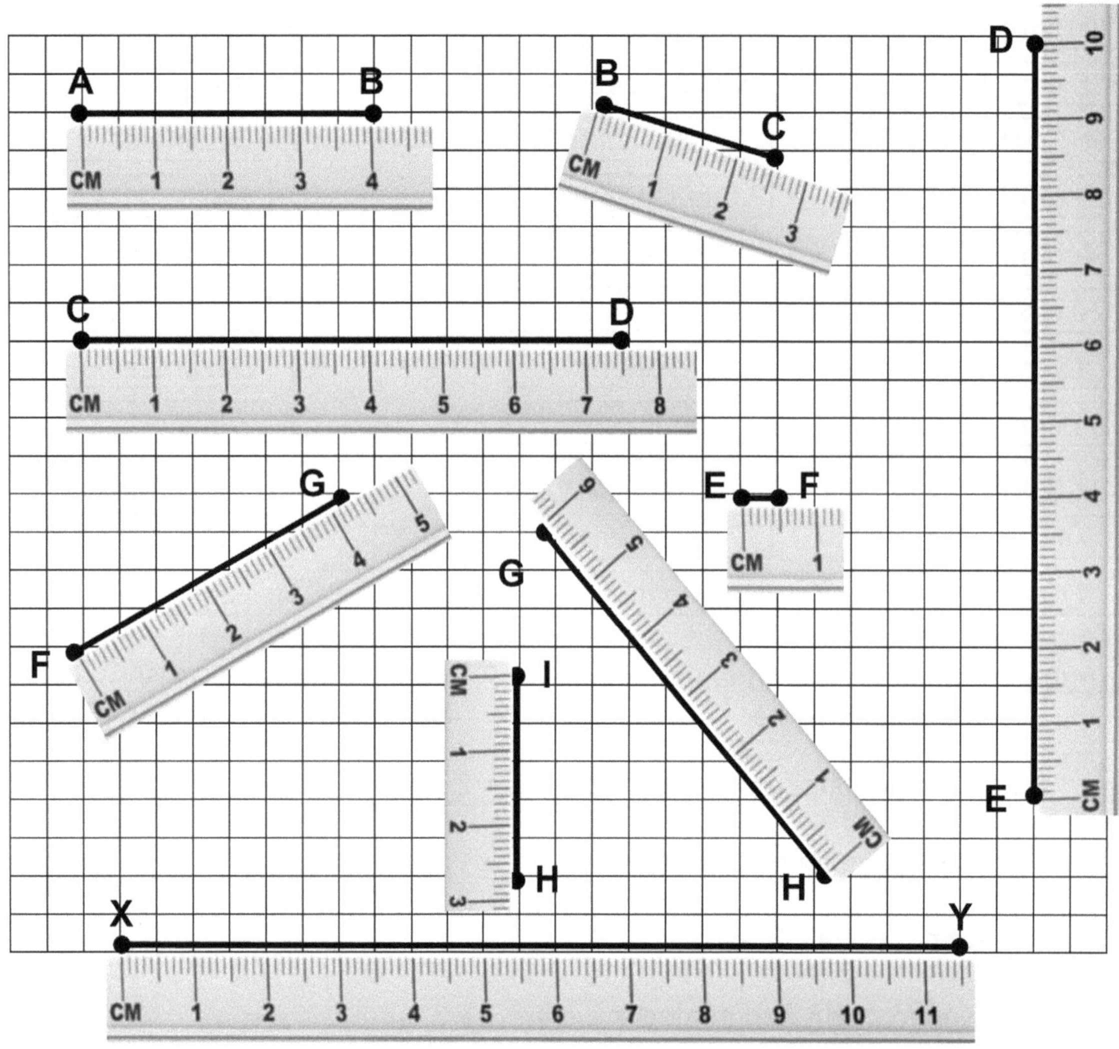

Beispiele:

Die Strecke AB ist vier Zentimeter (= 4 cm) lang.

Die Strecke BC ist zwei Komma fünf Zentimeter (= 2,5 cm) lang.

Die Strecke CD ist ______________________________

Die Strecke DE ist ______________________________

Die Strecke EF ist ______________________________

Die Strecke FG ist ______________________________

Die Strecke GH ist ______________________________

Die Strecke HI ist ______________________________

Die Strecke XY ist ______________________________

Mathe-Basics ... für Asylbewerber – Bestell-Nr. 12 210
KOHL VERLAG

5 Umgang mit Größen

Zeitmaße umrechnen

Lies und sprich laut.

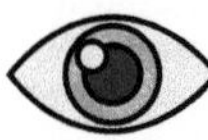 

Eine **Minute** hat 60 **Sekunden**. Man kann auch schreiben: 1 **min** = 60 **s**.

Eine **Stunde** hat 60 **Minuten**. ——→ 1 **h** = 60 **min**

Ein **Tag** hat 24 **Stunden**. ——→ 1 **d** = 24 **h**

Eine **Woche** hat 7 **Tage**.

Beachte auch:
In der Wirtschaft (z.B. bei Banken und Versicherungen) rechnet man mit folgenden Zeitmaßen:

1 Monat	=	30 Tage	=	4 Wochen
1 Jahr	=	52 Wochen	=	12 Monate

Aufgabe 1: *Rechne in Sekunden um.*

Beispiele: 3 min = 180 s (denn 1 min = 60 s, also: 3 min = 3 • 60 s = 180 s)
2 min 28 s = 148 s (denn 1 min = 60 s, also: 2 min = 2 • 60 s = 120 s + 28 s = 148 s)

2 min = ______ 30 min = ______ 1 min 25 s = ______

5 min = ______ 60 min = ______ 10 min 10 s = ______

10 min = ______ 3 min 15 s = ______ 15 min 52 s = ______

Aufgabe 2: *Rechne in Minuten um.*

Beispiele: 360 s = 6 min (denn 1 min = 60 s, also: 360 s : 60 s = 6 min)
150 s = 2 min 30 s (denn 1 min = 60 s, also: 150 s : 60 s = 2 min und ein Rest von 30 s)

240 s = ______ 180 s = ______ 540 s = ______

600 s = ______ 5 h = ______ 250 s = ______

2 h = ______ 3600 s = ______ 6 h = ______

Aufgabe 3: *Rechne in Stunden um.*

Beispiele: 240 min = 4 h (denn 1 h = 60 min, also: 240 min : 60 min = 4 h)
2 d = 48 h (denn 1 d = 24 h, also: 2 • 24 h = 48 h)

420 min = ______ 600 min = ______ 7200 s = ______

180 min = ______ 360 min = ______ 720 min = ______

3 d = ______ 5 d = ______ 200 min = ______

KOHL VERLAG Mathe-Basics ... für Asylbewerber – Bestell-Nr. 12 210

5 Umgang mit Größen

Zeitpunkt und Zeitspanne

Lies und sprich laut.

Ein Zeit**punkt** ist ein **fester Termin**.

Beispiele: 15.30 Uhr , 13. Juli, ...

Eine Zeit**spanne** ist die **Dauer zwischen zwei Zeitpunkten**.

Beispiele: 2 Stunden, von 09.30 Uhr **bis** 11.00 Uhr, ...

Aufgabe 1: *Ist es ein Zeitpunkt oder eine Zeitspanne? Verbinde richtig.*

- Ein Fußballspiel dauert 90 Minuten. ○
- Der Film im Kino beginnt um 20.00 Uhr. ○
- Die große Pause dauert von 09.55 Uhr bis 10.10 Uhr. ○
- Tim war von 08.30 bis 10.00 Uhr beim Zahnarzt. ○
- Ich muss um 18.00 Uhr zu Hause sein. ○
- Das Paket kommt am 24. April mit der Post. ○
- Elaf lernt von 14.00 Uhr bis 15.00 Uhr Deutsch. ○

○ Zeitpunkt

○ Zeitspanne

Aufgabe 2: *Welche Zeitspanne liegt zwischen den beiden Zeitpunkten?*

Beispiel:

11.15 Uhr – 12.10 Uhr → 11.15 Uhr bis 12.00 Uhr = 45 min + 10 min = 55 min

14.40 Uhr – 15.35 Uhr → ______________________

15.05 Uhr – 16.27 Uhr → ______________________

9.22 Uhr – 10.10 Uhr → ______________________

19.36 Uhr – 20.05 Uhr → ______________________

22.57 Uhr – 23.48 Uhr → ______________________

Aufgabe 3: *Ergänze in der Tabelle die fehlenden Angaben.*

Abfahrt	7.20 Uhr	16.25 Uhr		2.20 Uhr	22.15 Uhr
Ankunft	8.12 Uhr		17.00 Uhr	6.55 Uhr	
Fahrzeit		1 h 30 min	2 h 45 min		2 h 45 min

KOHL VERLAG Mathe-Basics ... für Asylbewerber – Bestell-Nr. 12 210

5 Umgang mit Größen

Unser Geld im Überblick

Aufgabe 1: *Verbinde die Namen der Scheine und Münzen richtig. Eine Münze bleibt übrig. Welche?*

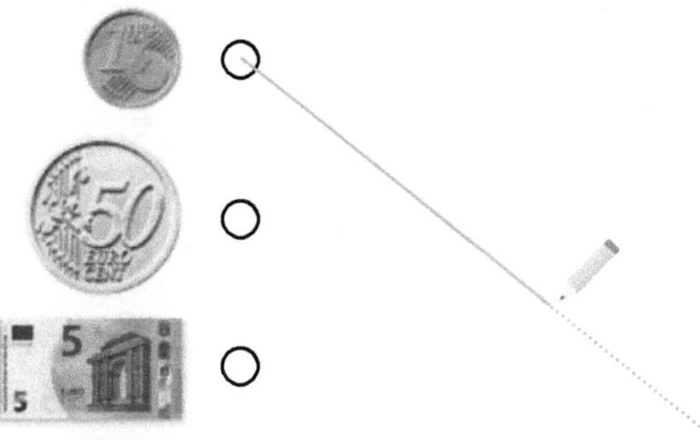

- der 100-Euro-Schein (die 100-Euro-Banknote)
- die 2-Euro-Münze (das 2-Euro-Stück)
- der 20-Euro-Schein (die 20-Euro-Banknote)
- die 1-Cent-Münze (das 1-Cent-Stück)
- der 5-Euro-Schein (die 5-Euro-Banknote)
- der 200-Euro-Schein (die 200-Euro-Banknote)
- die 10-Cent-Münze (das 10-Cent-Stück)
- die 50-Cent-Münze (das 50-Cent-Stück)
- die 2-Cent-Münze (das 2-Cent-Stück)
- der 500-Euro-Schein (die 500-Euro-Banknote)
- die 5-Cent-Münze (das 5-Cent-Stück)
- die 20-Cent-Münze (das 20-Cent-Stück)
- der 10-Euro-Schein (die 10-Euro-Banknote)
- der 50-Euro-Schein (die 50-Euro-Banknote)

Lösung: Die __________ - Münze bleibt übrig.

Mathe-Basics ... für Asylbewerber – Bestell-Nr. 12 210
KOHL VERLAG

5 Umgang mit Größen

Rechnen mit Geld

1 € = 100 ct

Aufgabe 1: *Wandle in Euro um.*

Beispiele: 400 ct = 4,00 €, 40 ct = 0,40 €, 105 ct = 1,05 €)

200 ct = _______ €	95 ct = _______ €	5 ct = _______ €
50 ct = _______ €	710 ct = _______ €	203 ct = _______ €
3000 ct = _______ €	903 ct = _______ €	1000 ct = _______ €

Aufgabe 2: *Wie viel Geld ist es?*

a) 

Es sind _____________.

b) 

Es sind _____________.

c) 

Es sind _____________.

d) 

Es sind _____________.

e) 

Es sind _____________.

f) 

Es sind _____________.

Aufgabe 3: *Setze ein: > (größer als), < (kleiner als) oder = (ist gleich).*

715 ct ☐ 7,50 €	17,50 € ☐ 15,70 €	2,25 € ☐ 225 ct
0,42 € ☐ 420 ct	99 ct ☐ 0,99 €	32 € ☐ 30,99 €
1,50 € ☐ 1500 ct	0,05 € ☐ 50 ct	6,66 € ☐ 660 ct

KOHL VERLAG Mathe-Basics ... für Asylbewerber – Bestell-Nr. 12 210

6 Umgang mit Brüchen

Der Bruchbegriff

Was ist ein Bruch?

Ein **Ganzes** kann man in <u>gleich große Teile</u> zerlegen.

<u>Beispiel</u>: ◯ wird zerlegt in vier gleich große Teile:

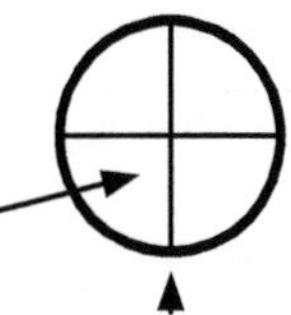

Eines dieser Teile ist **„eins <u>von</u> vier“**

Als **Bruch** geschrieben heißt das: $\frac{1}{4}$

Zwei dieser Teile sind **„zwei <u>von</u> vier“** $\frac{2}{4}$ sprich **„zwei Viertel“**

... und so weiter.

Ein Bruch besteht also aus zwei Zahlen, dem **Zähler** (= **obere Zahl**, sagt mir die Anzahl der Bruch**teile**)

und dem **Nenner** (= **untere Zahl**, sagt mir, in wie viel gleich große Teile **das Ganze** geteilt wird.)

$\frac{2}{4}$

Der **Bruchstrich** bedeutet soviel wie „**von**“ oder „**geteilt durch**“.

<u>Aufgabe</u>: *Wie spricht man die Brüche? Verbinde richtig.*

$\frac{3}{4}$ ○	○ neun ○	○ Viertel
$\frac{7}{8}$ ○	○ ein ○	○ Achtel
$\frac{9}{11}$ ○	○ drei ○	○ Halb
$\frac{1}{2}$ ○	○ acht ○	○ Elftel
$\frac{8}{20}$ ○	○ sieben ○	○ Zwanzigstel

KOHL VERLAG Mathe-Basics ... für Asylbewerber – Bestell-Nr. 12 210

6 Umgang mit Brüchen

Brüche benennen und schreiben

Aufgabe 1: *Wie heißen die Brüche? Schreibe die Namen auf.*

$\frac{3}{4}$	drei Viertel	$\frac{6}{10}$	______
$\frac{6}{4}$	______	$\frac{12}{20}$	______
$\frac{8}{13}$	______	$\frac{4}{100}$	______
$\frac{7}{9}$	______	$\frac{20}{1000}$	______
$\frac{1}{5}$	______	$\frac{9}{17}$	______

Aufgabe 2: *Wie schreibt man die Brüche?*
Schreibe sie in der Bruchschreibweise auf.

a) fünf Siebtel	$\frac{5}{7}$	**b)** einundachtzig Einhundertstel	
c) ein Achtel		**d)** fünfundzwanzig Sechzigstel	
e) neun Elftel		**f)** neunzehn Dreißigstel	
g) zwei Drittel		**h)** siebzehn Fünfhundertstel	
i) sechs Dreizehntel		**j)** fünfundneunzig Eintausendstel	

Aufgabe 3: *Ergänze die fehlenden Zahlen und Begriffe.*

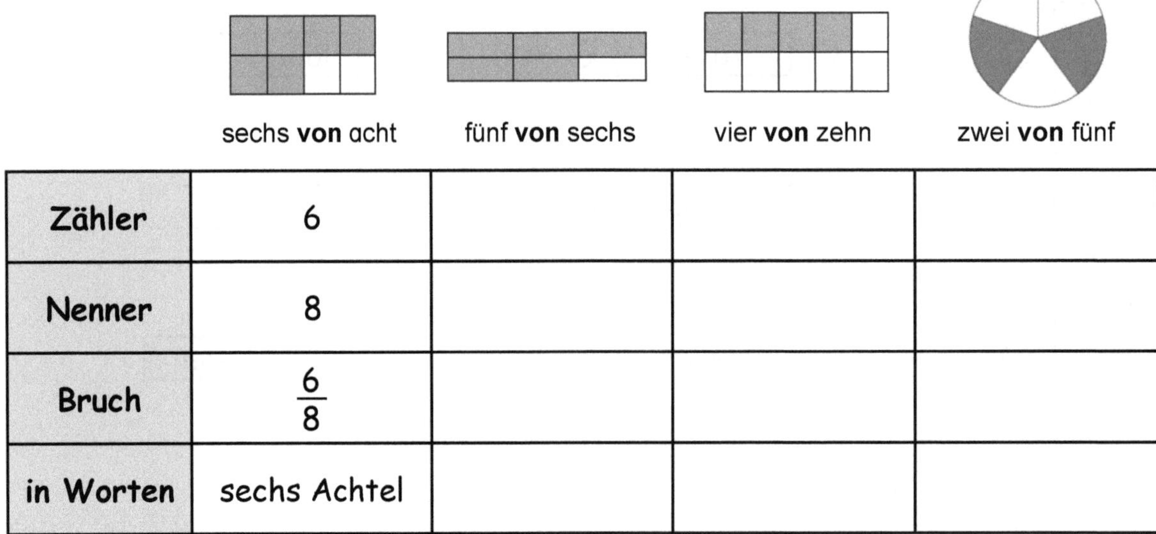

	sechs von acht	fünf von sechs	vier von zehn	zwei von fünf
Zähler	6			
Nenner	8			
Bruch	$\frac{6}{8}$			
in Worten	sechs Achtel			

KOHL VERLAG Lernen mit Erfolg – Mathe-Basics ... für Asylbewerber – Bestell-Nr. 12 210

6 Umgang mit Brüchen

Bruchteile bestimmen

Aufgabe 1: *Welcher Bruchteil der Fläche ist gefärbt?*

a) 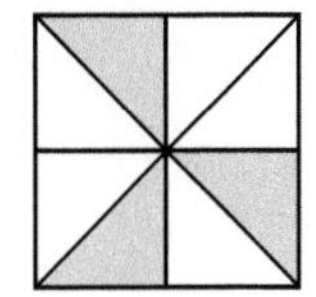 b) 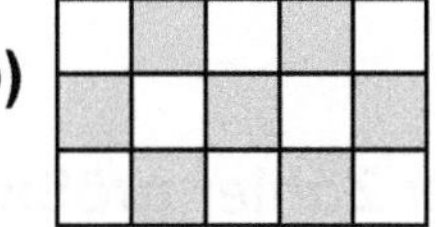 c) 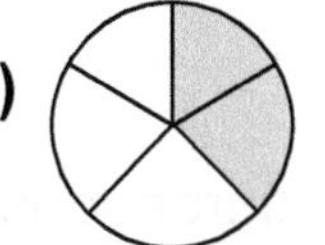 d) 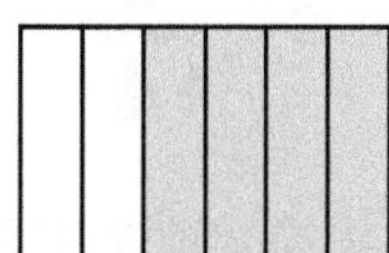 e)

______ ______ ______ ______ ______

Aufgabe 2: *Färbe die angegebenen Bruchteile.*
Teile dazu die Figuren geschickt auf.

a) 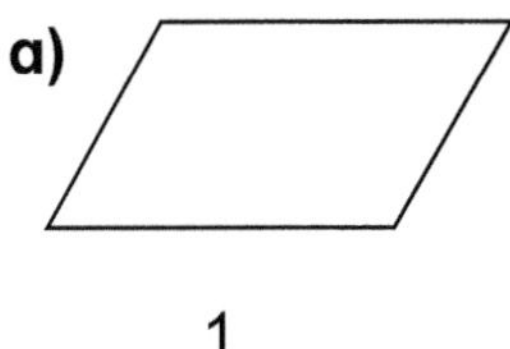

$\frac{1}{2}$

b) 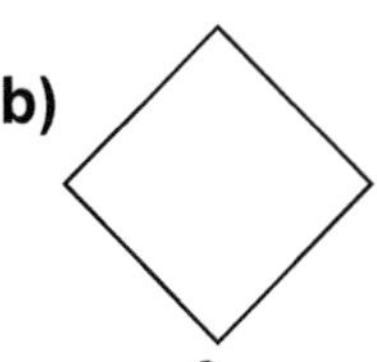

$\frac{3}{4}$

c) 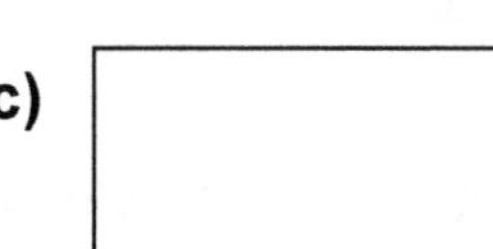

$\frac{1}{3}$

d) 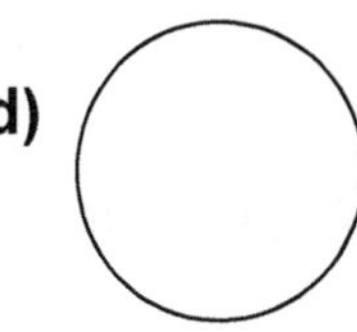

$\frac{3}{8}$

Aufgabe 3: *Benenne die markierten Bruchteile am Zahlenstrahl.*

a) 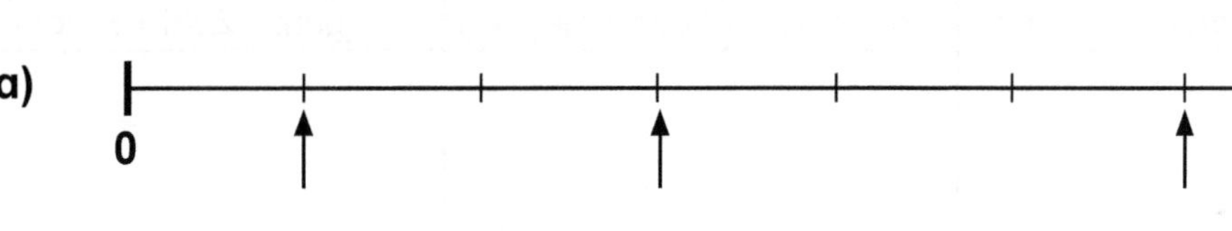

b) 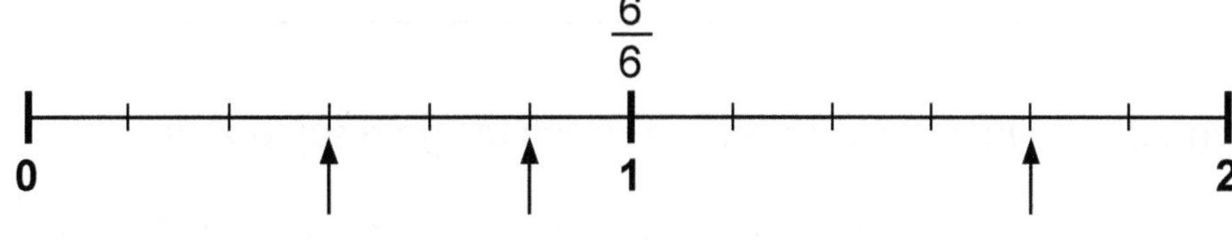

Aufgabe 4: *Kennzeichne und beschrifte die angegebenen Brüche wie bei Aufgabe 3 mit einem Pfeil auf dem Zahlenstrahl.*

a) $\frac{1}{2}$ b) $\frac{1}{4}$ c) $\frac{11}{12}$ d) $\frac{3}{4}$

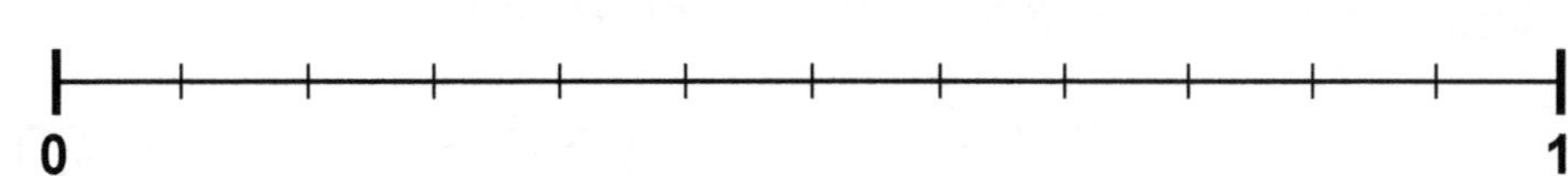

KOHL VERLAG Mathe-Basics ... für Asylbewerber – Bestell-Nr. 12 210

6 Umgang mit Brüchen

Gemischte Zahlen, echte und unechte Brüche

Einen **echten** Bruch erkennst du daran, dass der **Zähler kleiner** ist **als der Nenner.**

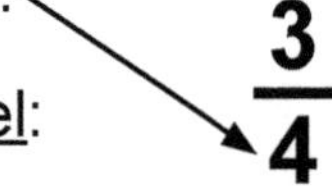

Beispiel: $\frac{3}{4}$

Einen **unechten** Bruch erkennst du daran, dass der **Zähler größer** ist **als der Nenner.**

Beispiel: $\frac{7}{5}$

Eine **gemischte Zahl** besteht aus einer **ganzen Zahl** und einem **Bruch.**

Beispiel: $3\frac{1}{2}$

Aufgabe 1: *Ordne richtig in die Tabelle ein.*

$\frac{5}{8}$ $\frac{1}{2}$ $4\frac{5}{7}$ $\frac{8}{5}$ $1\frac{9}{8}$ $\frac{24}{23}$ $\frac{10}{100}$

$18\frac{1}{4}$ $\frac{499}{500}$ $\frac{20}{2}$ $9\frac{19}{20}$ $\frac{100}{99}$

echter Bruch (Zähler ist **kleiner** als Nenner)	**unechter Bruch** (Zähler ist **größer** als Nenner)	**gemischte Zahl** (ganze Zahl + Bruch)

Aufgabe 2: *Schreibe den unechten Bruch als gemischte Zahl.*

Beispiel: $\frac{17}{6} = \mathbf{2}\frac{5}{6}$; Begründung: 17 : 6 = **2** (das sind $\frac{12}{6}$), es bleibt ein Rest von $\frac{5}{6}$.

a) $\frac{18}{5}$ = ________ b) $\frac{37}{9}$ = ________ c) $\frac{55}{6}$ = ________ d) $\frac{100}{11}$ = ________

e) $\frac{23}{4}$ = ________ f) $\frac{13}{7}$ = ________ g) $\frac{217}{25}$ = ________ h) $\frac{367}{28}$ = ________

Aufgabe 3: *Schreibe die gemischte Zahl als Bruch.*

a) $1\frac{2}{3}$ = ______ b) $7\frac{1}{10}$ = ______ c) $6\frac{3}{5}$ = ______ d) $20\frac{7}{4}$ = ______

e) $5\frac{7}{8}$ = ______ f) $9\frac{4}{7}$ = ______ g) $4\frac{9}{8}$ = ______ h) $11\frac{10}{11}$ = ______

KOHL VERLAG Mathe-Basics ... für Asylbewerber – Bestell-Nr. 12 210

6 Umgang mit Brüchen

Erweitern von Brüchen

Einen Bruch **erweitert** man, indem man Zähler **und** Nenner **mit der gleichen Zahl** malnimmt.

<u>Beispiel</u>: Der Bruch $\frac{2}{3}$ wird **mit der Zahl 3 <u>erweitert</u>**: $\frac{2 \xrightarrow{\cdot 3} 6}{3 \xrightarrow[\cdot 3]{} 9}$

<u>Aufgabe 1</u>: *Erweitere die Brüche mit der jeweils angegebenen Zahl.*

a) $\frac{3}{4} \xrightarrow{\text{mit } 4:\ \cdot 4} \frac{12}{16}$ **b)** $\frac{1}{10}$ mit 10: ____ **c)** $\frac{4}{5}$ mit 6: ____ **d)** $\frac{8}{100}$ mit 5: ____

e) $\frac{5}{7}$ mit 2: ____ **f)** $\frac{12}{9}$ mit 3: ____ **g)** $\frac{24}{16}$ mit 8: ____ **h)** $\frac{7}{11}$ mit 11: ____

<u>Aufgabe 2</u>: *Ergänze die fehlenden Zähler oder Nenner durch Erweitern.*

a) $\frac{2}{5} = \frac{\quad}{15}$ **b)** $\frac{\quad}{9} = \frac{28}{63}$ **c)** $\frac{7}{\quad} = \frac{35}{25}$ **d)** $\frac{\quad}{5} = \frac{108}{135}$

e) $\frac{6}{\quad} = \frac{42}{21}$ **f)** $\frac{5}{11} = \frac{55}{\quad}$ **g)** $\frac{5}{8} = \frac{\quad}{96}$ **h)** $\frac{19}{26} = \frac{57}{\quad}$

<u>Aufgabe 3</u>: *Verbinde Brüche, die erweitert wurden, richtig miteinander.*

$\frac{2}{7}$ ○	○ $\frac{18}{30}$ ○	○ $\frac{72}{64}$
$\frac{3}{4}$ ○	○ $\frac{4}{20}$ ○	○ $\frac{75}{100}$
$\frac{6}{10}$ ○	○ $\frac{6}{21}$ ○	○ $\frac{90}{150}$
$\frac{1}{5}$ ○	○ $\frac{36}{32}$ ○	○ $\frac{12}{60}$
$\frac{9}{8}$ ○	○ $\frac{15}{20}$ ○	○ $\frac{18}{63}$

<u>Aufgabe 4</u>: *Mache die Brüche gleichnamig.*
(Erweitere so, dass die Nenner gleich sind.)

a) $\frac{2}{3}$ $\frac{1}{5}$ ↓ ↓ $\frac{\quad}{15}$ $\frac{\quad}{15}$

b) $\frac{1}{2}$ $\frac{4}{7}$ ↓ ↓ ____ ____

c) $\frac{3}{4}$ $\frac{5}{6}$ ↓ ↓ ____ ____

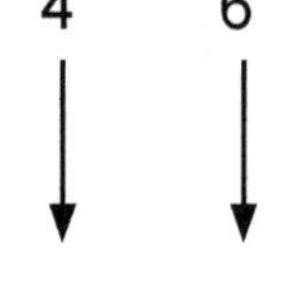

d) $\frac{3}{10}$ $\frac{4}{5}$ $\frac{1}{4}$ ↓ ↓ ↓ ____ ____ ____

KOHL VERLAG Mathe-Basics ... für Asylbewerber – Bestell-Nr. 12 210

6 Umgang mit Brüchen

Kürzen von Brüchen

Einen Bruch kürzt man, indem man Zähler **und** Nenner **durch die gleiche Zahl** teilt.

Beispiel: Der Bruch $\frac{6}{8}$ wird **mit der Zahl 2 gekürzt**: $\frac{6}{8} \xrightarrow[:2]{:2} \frac{3}{4}$

Aufgabe 1: *Kürze die Brüche mit der jeweils angegebenen Zahl.*

a) $\frac{6}{9} \xrightarrow[:3]{:3} \frac{2}{3}$ (mit 3) b) $\frac{6}{10}$ mit 2: ____ c) $\frac{45}{54}$ mit 9: ____ d) $\frac{100}{125}$ mit 25: ____

e) $\frac{20}{25}$ mit 5: ____ f) $\frac{21}{14}$ mit 7: ____ g) $\frac{52}{36}$ mit 4: ____ h) $\frac{36}{48}$ mit 12: ____

Aufgabe 2: *Gib an, mit welcher Zahl gekürzt wurde.*

a) $\frac{50}{60} \overset{:?}{=} \frac{5}{6}$ → Kürzungszahl: ______ b) $\frac{19}{57} = \frac{1}{3}$ → Kürzungszahl: ______

c) $\frac{27}{45} = \frac{3}{5}$ → Kürzungszahl: ______ d) $\frac{100}{40} = \frac{5}{2}$ → Kürzungszahl: ______

e) $\frac{44}{77} = \frac{4}{7}$ → Kürzungszahl: ______ f) $\frac{52}{76} = \frac{13}{19}$ → Kürzungszahl: ______

Aufgabe 3: *Kürze soweit wie möglich.*

a) $\frac{8}{36}$ = __________ b) $\frac{140}{1000}$ = __________ c) $\frac{81}{189}$ = __________

d) $\frac{21}{28}$ = __________ e) $\frac{96}{112}$ = __________ f) $\frac{400}{625}$ = __________

Aufgabe 4: *Finde immer den Bruch, dessen Wert nicht mit den beiden anderen übereinstimmt und kreuze ihn an.*

a) $\frac{16}{24}$ $\frac{4}{8}$ $\frac{2}{3}$

b) $\frac{3}{10}$ $\frac{6}{20}$ $\frac{1}{10}$

c) $\frac{13}{3}$ $\frac{54}{12}$ $4\frac{1}{2}$

d) $\frac{35}{45}$ $\frac{77}{99}$ $\frac{11}{13}$

e) $1\frac{1}{2}$ $\frac{6}{3}$ $\frac{30}{15}$

f) $\frac{16}{18}$ $\frac{4}{9}$ $\frac{24}{54}$

g) $\frac{1}{8}$ $\frac{125}{1000}$ $\frac{320}{400}$

KOHL VERLAG Mathe-Basics ... für Asylbewerber – Bestell-Nr. 12 210

6 Umgang mit Brüchen

Vergleichen von Brüchen

Aufgabe 1: *Benenne und vergleiche die Brüche. Welcher Bruch ist größer? Setze < („ist kleiner als“) oder > („ist größer als“) ein.*

Beispiel:

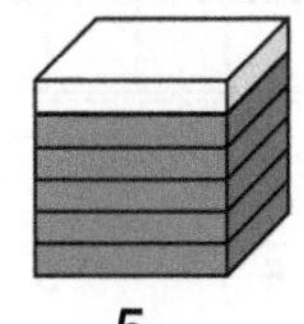

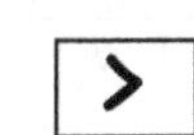

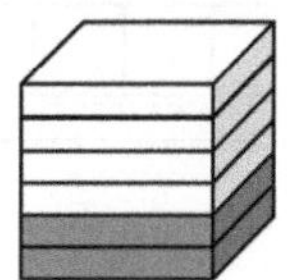

$\frac{5}{6}$ ist größer als $\frac{2}{6}$

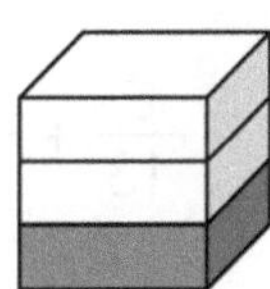

$\frac{2}{3}$ ist größer als ____

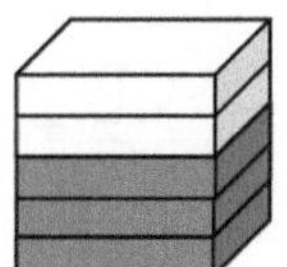

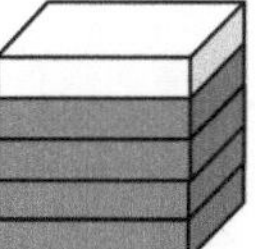

$\frac{\quad}{5}$ ist ________ als ____

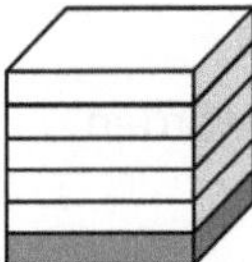

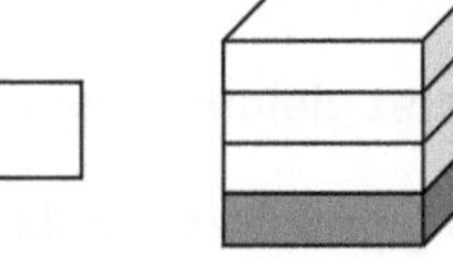

____ ist ________ als ____

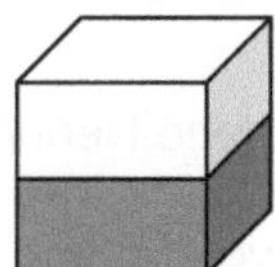

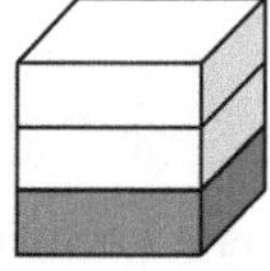

____ ist ________ als $\frac{1}{\quad}$

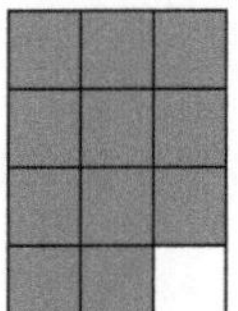

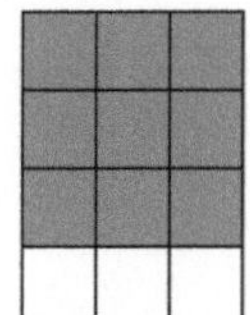

$\frac{\quad}{12}$ ist ________ als ____

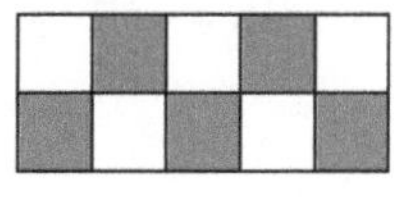

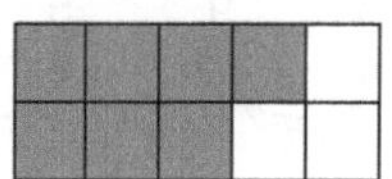

____ ist ________ als $\frac{7}{\quad}$

$\frac{6}{9}$ ist ________ als ____

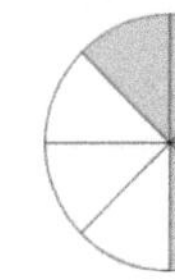

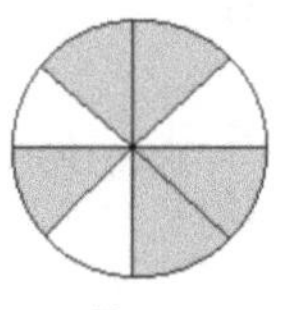

____ ist ________ als $\frac{5}{\quad}$

Aufgabe 2: *Vergleiche die Brüche und kreuze an.*

	richtig	falsch
$\frac{3}{8} < \frac{6}{8}$		
$\frac{4}{5} < \frac{4}{6}$		
$\frac{17}{31} > \frac{13}{31}$		
$\frac{4}{7} > \frac{4}{3}$		

	richtig	falsch
$\frac{10}{12} < \frac{12}{10}$		
$\frac{1}{2} > \frac{1}{3}$		
$\frac{3}{4} < \frac{12}{6}$		
$\frac{7}{10} > \frac{7}{20}$		

	richtig	falsch
$\frac{26}{28} > \frac{6}{9}$		
$\frac{1}{3} < \frac{7}{21}$		
$\frac{3}{5} < \frac{8}{10}$		
$\frac{6}{18} < \frac{4}{9}$		

6 Umgang mit Brüchen

Brüche addieren

Brüche kann man nur **addieren**, wenn die **Nenner** der Brüche **gleich** sind.
Man **addiert** dabei **die Zähler**, der **Nenner bleibt gleich**.

Beispiele:

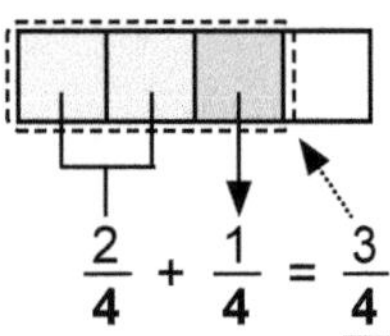

$\frac{2}{4} + \frac{1}{4} = \frac{3}{4}$

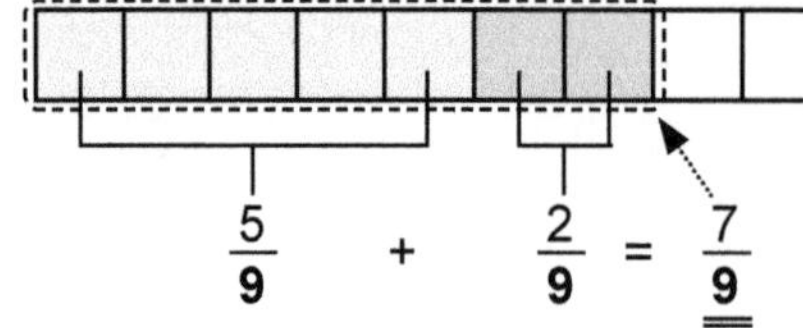

$\frac{5}{9} + \frac{2}{9} = \frac{7}{9}$

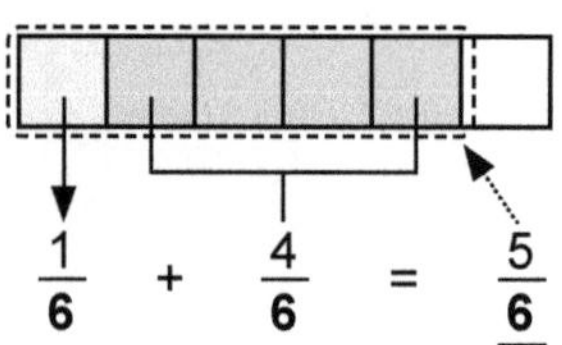

$\frac{1}{6} + \frac{4}{6} = \frac{5}{6}$

Aufgabe 1: *Addiere die Brüche.*

$\frac{2}{7} + \frac{3}{7} =$ ____ $\frac{4}{10} + \frac{3}{10} =$ ____ $\frac{1}{5} + \frac{1}{5} =$ ____ $\frac{6}{13} + \frac{8}{13} =$ ____ $\frac{5}{8} + \frac{2}{8} =$ ____

Wenn die Nenner **nicht gleich** sind, kann man die Brüche **nicht sofort** addieren. Man muss die Brüche erst **gleichnamig** machen, das heißt, man muss durch Erweitern (oder manchmal auch durch Kürzen) die Nenner gleich machen.

Beispiel: $\frac{3}{④} + \frac{5}{⑥}$ → verschiedene Nenner müssen **erst gleichnamig** gemacht werden.

Das **kleinste gemeinsame Vielfache** von ④ und ⑥ ist **12** (= **gemeinsamer Nenner**).
Die beiden Brüche müssen also so erweitert werden, dass der gemeinsame Nenner (auch **Hauptnenner** genannt) **12** ist:

$\frac{3}{4} \overset{\cdot 3}{=} \frac{9}{12}$ $\frac{5}{6} \overset{\cdot 2}{=} \frac{10}{12}$ → $\frac{9}{12} + \frac{10}{12} = \frac{19}{12} = 1\frac{7}{12}$

Aufgabe 2: *Mache die Brüche gleichnamig.*

$\frac{1}{2}$ und $\frac{2}{5}$ werden erweitert zu $\frac{\quad}{10}$ und $\frac{\quad}{10}$ $\frac{5}{9}$ und $\frac{4}{6}$ werden erweitert zu $\frac{\quad}{18}$ und $\frac{\quad}{18}$

$\frac{3}{4}$ und $\frac{2}{3}$ werden erweitert zu — und — $\frac{3}{5}$ und $\frac{5}{7}$ werden erweitert zu — und —

Aufgabe 3: *Addiere die Brüche.*

$\frac{2}{3} + \frac{3}{4} = \frac{8}{12} + \frac{9}{12} = \frac{17}{12} = 1\frac{5}{12}$ $\frac{7}{12} + \frac{3}{8} =$ — + — =

$\frac{4}{5} + \frac{1}{2} =$ — + — = $\frac{5}{9} + \frac{11}{27} =$ — + — =

$\frac{3}{8} + \frac{5}{6} =$ — + — = $\frac{4}{15} + \frac{10}{30} =$ — + — =

$\frac{4}{10} + \frac{2}{5} =$ — + — = $\frac{3}{8} + \frac{6}{10} =$ — + — =

KOHL VERLAG Mathe-Basics ... für Asylbewerber – Bestell-Nr. 12 210

6 Umgang mit Brüchen

Brüche subtrahieren

Ebenso wie beim Addieren kann man Brüche nur **subtrahieren**, wenn die **Nenner** der Brüche **gleich** sind.
Man **subtrahiert** dabei **die Zähler**, der **Nenner bleibt gleich**.

Beispiele:

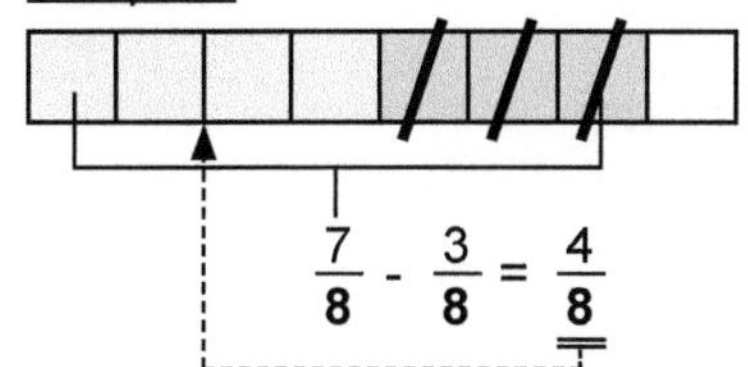

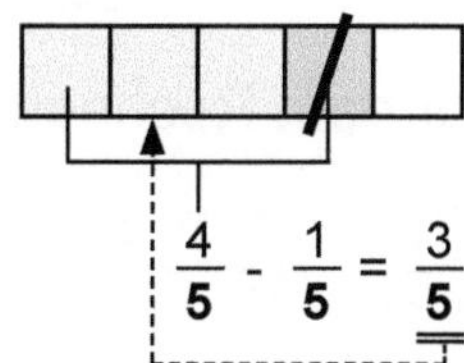

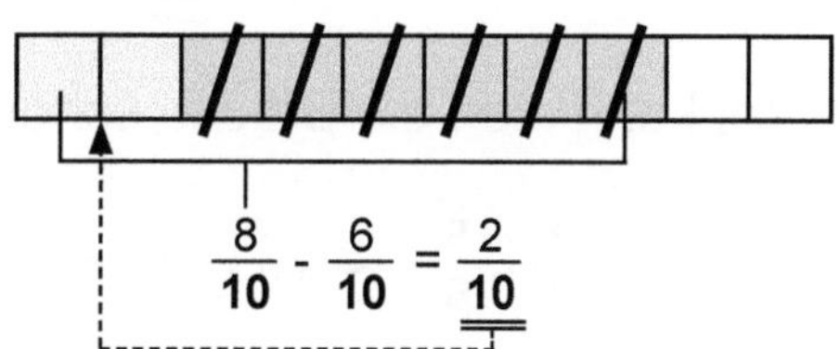

Aufgabe 1: *Subtrahiere die Brüche.*

$\frac{3}{4} - \frac{1}{4} =$ ____ $\frac{5}{7} - \frac{2}{7} =$ ____ $\frac{9}{11} - \frac{7}{11} =$ ____ $\frac{4}{9} - \frac{3}{9} =$ ____ $\frac{16}{24} - \frac{11}{24} =$ ____

Bei **ungleichen Nennern** kann man die Brüche **nicht sofort** subtrahieren. Hier muss man – wie auch schon beim Addieren – die Brüche erst **gleichnamig** machen.

Aufgabe 2: *Mache erst die Brüche gleichnamig und subtrahiere dann.*

$\frac{1}{2} - \frac{1}{4} = \frac{}{} - \frac{}{} =$ $\frac{1}{5} - \frac{1}{15} = \frac{}{} - \frac{}{} =$ $\frac{7}{10} - \frac{3}{5} = \frac{}{} - \frac{}{} =$

$\frac{1}{3} - \frac{1}{6} = \frac{}{} - \frac{}{} =$ $\frac{1}{2} - \frac{1}{6} = \frac{}{} - \frac{}{} =$ $\frac{5}{8} - \frac{1}{2} = \frac{}{} - \frac{}{} =$

$\frac{1}{6} - \frac{1}{12} = \frac{}{} - \frac{}{} =$ $\frac{2}{3} - \frac{4}{9} = \frac{}{} - \frac{}{} =$ $\frac{3}{4} - \frac{5}{8} = \frac{}{} - \frac{}{} =$

Aufgabe 3: *Wiederholung: Berechne die Ergebnisse und trage sie in die Tabelle ein. Mache die Brüche gleichnamig und kürze, wo es möglich ist.*

a)

+	$\frac{2}{5}$	$\frac{3}{9}$	$\frac{5}{6}$	$\frac{3}{4}$
$\frac{1}{4}$				
$\frac{5}{9}$				
$\frac{10}{12}$				
$\frac{2}{3}$				

b)

-	$\frac{2}{5}$	$\frac{3}{10}$	$\frac{1}{3}$	$\frac{1}{4}$
$\frac{2}{3}$				
$\frac{5}{7}$				
$\frac{1}{2}$				
$\frac{6}{8}$				

KOHL VERLAG
Mathe-Basics ... für Asylbewerber – Bestell-Nr. 12 210

6 Umgang mit Brüchen

Brüche multiplizieren

Brüche miteinander **multiplizieren** ist einfach. Man rechnet „**Zähler mal Zähler**" und „**Nenner mal Nenner**".

Beispiele: $\frac{2}{3} \cdot \frac{7}{9} = \frac{2 \cdot 7}{3 \cdot 9} = \underline{\underline{\mathbf{\frac{14}{27}}}}$ $\frac{3}{8} \cdot \frac{5}{7} = \frac{3 \cdot 5}{8 \cdot 7} = \underline{\underline{\mathbf{\frac{15}{56}}}}$

Sehr oft kann man die Brüche schon vor dem Rechnen kürzen:

Beispiel: $\frac{\mathbf{3}}{4} \cdot \frac{5}{\mathbf{6}}$ → ich **kürze mit 3**: $\frac{\overset{1}{\cancel{3}} \cdot 5}{4 \cdot \underset{2}{\cancel{6}}}$ also: $\frac{1 \cdot 5}{4 \cdot 2} = \underline{\underline{\mathbf{\frac{5}{8}}}}$

Aufgabe 1: *Multipliziere die Brüche. Kürze und rechne wie im Beispiel.*

$\frac{1}{\mathbf{4}} \cdot \frac{\mathbf{4}}{5}$ → ich kürze mit **4** und rechne: $\frac{1 \cdot \overset{1}{\cancel{4}}}{\underset{1}{\cancel{4}} \cdot 5}$ also: $\frac{1 \cdot 1}{1 \cdot 5} = \underline{\underline{\mathbf{\frac{1}{5}}}}$

$\frac{3}{\mathbf{8}} \cdot \frac{\mathbf{2}}{7}$ → ich kürze mit __ und rechne: ―― also: ―― =

$\frac{5}{6} \cdot \frac{3}{10}$ → ich kürze mit __ und mit __ und rechne: ―― also: ―― =

$\frac{7}{22} \cdot \frac{11}{21}$ → ich kürze mit __ und mit __ und rechne: ―― also: ―― =

Aufgabe 2: *Kürze wenn möglich und berechne ebenso.*

$\frac{8}{3} \cdot \frac{3}{4} =$ ______ $\frac{6}{20} \cdot \frac{10}{12} =$ ______ $\frac{3}{4} \cdot \frac{6}{9} =$ ______ $\frac{3}{7} \cdot \frac{2}{5} =$ ______

$\frac{4}{5} \cdot \frac{1}{8} =$ ______ $\frac{2}{33} \cdot \frac{11}{7} =$ ______ $\frac{5}{4} \cdot \frac{3}{6} =$ ______ $\frac{25}{8} \cdot \frac{4}{5} =$ ______

$\frac{1}{2} \cdot \frac{1}{8} =$ ______ $\frac{5}{14} \cdot \frac{15}{4} =$ ______ $\frac{1}{3} \cdot \frac{1}{4} =$ ______ $\frac{3}{3} \cdot \frac{5}{12} =$ ______

Multipliziert man einen **Bruch mit einer natürlichen Zahl**, wird diese einfach **mit dem Zähler** multipliziert. Der Nenner **bleibt gleich**.

Beispiele: $3 \cdot \frac{1}{4} = \frac{3 \cdot 1}{4} = \underline{\underline{\mathbf{\frac{3}{4}}}}$ $6 \cdot \frac{2}{3}$ $\frac{\overset{2}{\cancel{6}} \cdot 2}{\cancel{3}_1}$ (Kürzen!) $= \frac{2 \cdot 2}{1} = \frac{4}{1} = \underline{\underline{\mathbf{4}}}$

Aufgabe 3: *Multipliziere ebenso.*

$3 \cdot \frac{4}{5} =$ ________ $4 \cdot \frac{3}{4} =$ ________ $9 \cdot \frac{5}{18} =$ ________

$5 \cdot \frac{1}{8} =$ ________ $7 \cdot \frac{2}{7} =$ ________ $6 \cdot \frac{11}{36} =$ ________

Umgang mit Brüchen

Brüche dividieren

Wenn man Brüche **dividieren** will, dann muss man von dem **zweiten Bruch** den **Kehrwert** (oder auch **Kehrbruch**) **bilden**. Dazu werden einfach nur **Zähler und Nenner** des Bruches **getauscht**.

Beispiel: $\frac{3}{4} : \frac{5}{8}$ ⟶ Der Kehrwert von $\frac{5}{8}$ ist $\frac{\mathbf{8}}{\mathbf{5}}$

Dann **multipliziert** man den **ersten Bruch** mit dem **Kehrwert des zweiten Bruchs**,

also: $\frac{3}{4} \cdot \frac{\mathbf{8}}{\mathbf{5}} = \frac{3 \cdot \cancel{8}^{2}}{\cancel{4}_{1} \cdot 5} = \frac{6}{5} = \mathbf{1\frac{1}{5}}$

Aufgabe 1: *Bilde den Kehrwert (= Kehrbruch) der Brüche.*

$\frac{3}{4}$: Der Kehrwert von $\frac{3}{4}$ ist —.

$\frac{11}{8}$: Der Kehrwert von $\frac{11}{8}$ ist —.

$\frac{2}{3}$: Der Kehrwert von $\frac{2}{3}$ ist —.

$\frac{5}{7}$: Der Kehrwert von $\frac{5}{7}$ ist —.

Aufgabe 2: *Dividiere die Brüche. Rechne wie im Beispiel.*

$\frac{7}{10} : \frac{4}{5} = \frac{7}{10} \cdot \frac{5}{4} = \frac{7 \cdot \cancel{5}^{1}}{\cancel{10}_{2} \cdot 4} = \mathbf{\frac{7}{8}}$

$\frac{2}{5} : \frac{9}{10} =$ ____________________

$\frac{5}{6} : \frac{1}{3} =$ ____________________

$\frac{14}{3} : \frac{2}{7} =$ ____________________

$\frac{6}{20} : \frac{3}{10} =$ ____________________

$2\frac{1}{5} : \frac{1}{5} =$ ____________________

$\frac{1}{4} : \frac{7}{8} =$ ____________________

$1\frac{1}{8} : \frac{3}{4} =$ ____________________

Man kann einen Bruch auch durch **eine natürliche Zahl dividieren**.

Beispiel: $\frac{2}{3} : \mathbf{6} = \frac{2}{3} : \frac{\mathbf{6}}{1} = \frac{\cancel{2}^{1}}{3} \cdot \frac{1}{\cancel{6}_{3}} = \mathbf{\frac{1}{9}}$

Aufgabe 3: *Dividiere ebenso.*

$\frac{4}{20} : 8 =$ ____________________

$2\frac{1}{4} : 9 =$ ____________________

$\frac{27}{3} : 3 =$ ____________________

$\frac{30}{80} : 5 =$ ____________________

KOHL VERLAG Mathe-Basics ... für Asylbewerber – Bestell-Nr. 12 210

7 Umgang mit Dezimalbrüchen

Brüche als Dezimalbrüche schreiben

Dezimalbrüche sind **Brüche**, die mit einem **Komma** geschrieben werden. Sie werden auch oft „**Dezimalzahl**" oder „**Kommazahl**" genannt.

Beispiel: 8,29 → Man liest: „acht Komma zwei neun". → Die Zahlen **nach dem Komma** liest man **einzeln**!

Einen **Bruch** kann man immer auch **als Zahl mit Komma**, (Dezimalbruch) **schreiben**. Brüche und Dezimalbrüche **gehören** also **zusammen**.

Beispiele:

Bruch	Bruch **in Worten**	Dezimalbruch	Dezimalbruch **in Worten**
$\frac{1}{10}$	ein Zehntel	0,1	null Komma eins
$\frac{1}{100}$	ein Hundertstel	0,01	null Komma null eins
$\frac{1}{1000}$	ein Tausendstel	0,001	null Komma null null eins
$4\frac{6}{10}$	vier sechs Zehntel	4,6	vier Komma sechs
$7\frac{12}{100}$	sieben zwölf Hundertstel	7,12	sieben Komma eins zwei

Aufgabe 1: *Lies und sprich die Wörter aus den Beispielen oben nochmal laut.*

Aufgabe 2: *Ergänze die fehlenden Einträge.*

Bruch	Bruch **in Worten**	Dezimalbruch	Dezimalbruch **in Worten**
$1\frac{17}{100}$	eins siebzehn Hundertstel	1,17	eins Komma eins sieben
$2\frac{5}{10}$			zwei Komma fünf
	neunundzwanzig Hundertstel		null Komma zwei neun
	acht Zehntel	0,8	
$\frac{3}{1000}$		0,003	
$5\frac{55}{100}$	fünf fünfundfünfzig Hundertstel		
	vierzehn Zehntel	0,14	
$10\frac{3}{100}$			zehn Komma null drei
	fünfundsiebzig Tausendstel	0,075	

Aufgabe 3: *Lies und sprich die Wörter noch einmal laut.*

7 Umgang mit Dezimalbrüchen

Brüche als Dezimalbrüche schreiben – Übungen

Diese Brüche und Dezimalbrüche braucht man sehr oft.
Du solltest sie auswendig können.

$\frac{1}{2} = \mathbf{0{,}5}$ $\frac{1}{4} = \mathbf{0{,}25}$ $\frac{3}{4} = \mathbf{0{,}75}$ $\frac{1}{5} = \mathbf{0{,}2}$ $\frac{1}{8} = \mathbf{0{,}125}$ $\frac{1}{10} = \mathbf{0{,}1}$

Beachte auch: **0,1** = **0,1**0 = **0,100** = **0,100**0 ...

Aufgabe 1: *Schreibe als Dezimalbruch.*

$\frac{6}{10}$ = ________	$5\frac{17}{100}$ = ________	$\frac{21}{1000}$ = ________
$2\frac{1}{10}$ = ________	$35\frac{3}{4}$ = ________	$\frac{1}{8}$ = ________
$\frac{2}{5}$ = ________	$9\frac{4}{100}$ = ________	$10\frac{1}{1000}$ = ________
$\frac{43}{100}$ = ________	$\frac{1}{4}$ = ________	$\frac{95}{500}$ = ________
$19\frac{9}{10}$ = ________	$69\frac{96}{100}$ = ________	$486\frac{846}{1000}$ = ________

Aufgabe 2: *Wie heißt der Bruch?*

0,9 = ________	1,5 = ________	0,050 = ________
0,25 = ________	3,29 = ________	1,007 = ________
0,06 = ________	0,012 = ________	0,82 = ________
0,003 = ________	12,4 = ________	0,5 = ________
0,925 = ________	10,005 = ________	0,500 = ________

Aufgabe 3: *Welche Brüche und Dezimalbrüche haben denselben Wert? Verbinde.*

0,06	6,08	6,008	6,8	0,006	0,6
$\frac{6}{1000}$	$6\frac{8}{10}$	$\frac{6}{100}$	$6\frac{8}{100}$	$\frac{6}{10}$	$6\frac{8}{1000}$

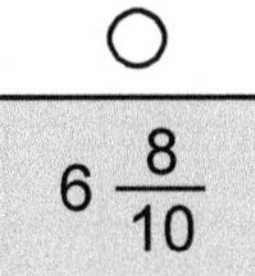

Mathe-Basics ... für Asylbewerber – Bestell-Nr. 12 210

KOHL VERLAG

7 Umgang mit Dezimalbrüchen

Mit Dezimalbrüchen rechnen

Aufgabe 1: *Rechne die Aufgaben im Kopf.*

1,3 + 2,4 =_____	7,9 - 4,5 =_____	2,8 • 4 =_____	0,8 : 2 =_____
5,7 + 3,3 =_____	9,5 - 3,6 =_____	5 • 1,5 =_____	4,9 : 7 =_____
0,8 + 0,9 =_____	5,2 - 2,8 =_____	0,9 • 7 =_____	3,5 : 5 =_____
4,6 + 7,5 =_____	6,3 - 5,7 =_____	8 • 4,6 =_____	6,3 : 9 =_____

Aufgabe 2: *Schreibe richtig untereinander und addiere bzw. subtrahiere.*

5,28 + 5,749　　　　　　　16,2 - 3,452
108,055 + 49,4 + 16,514　　705,4 - 130,965

Aufgabe 3: *Multipliziere.*

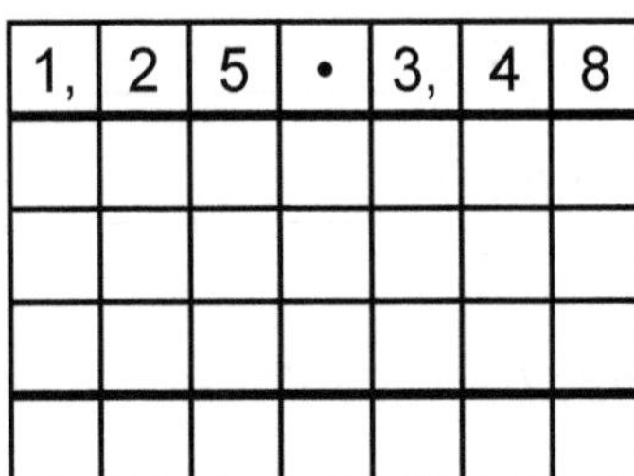

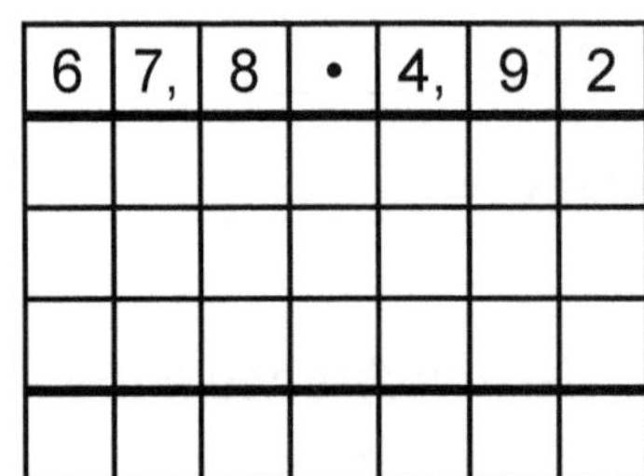

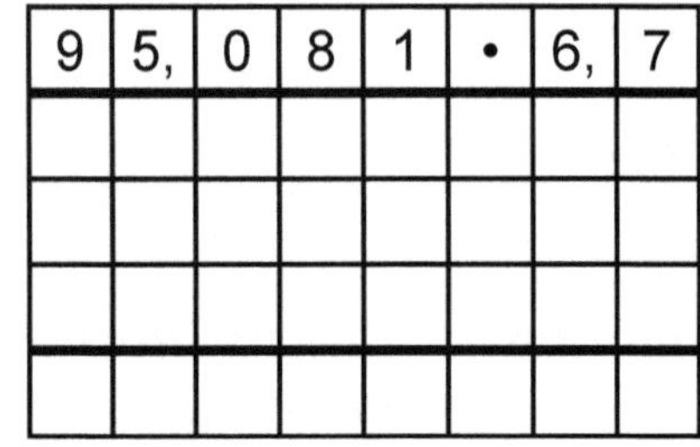

Aufgabe 4: *Mache den Teiler zuerst kommafrei und dividiere dann schriftlich.*

16,38 : 2,1 =______　　　　0,0195 : 0,006 =______

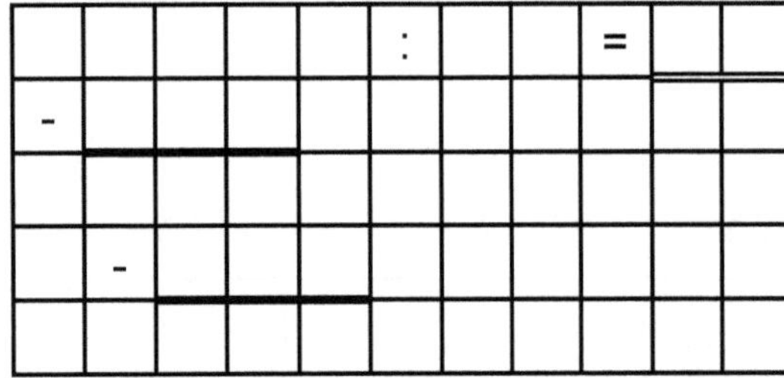

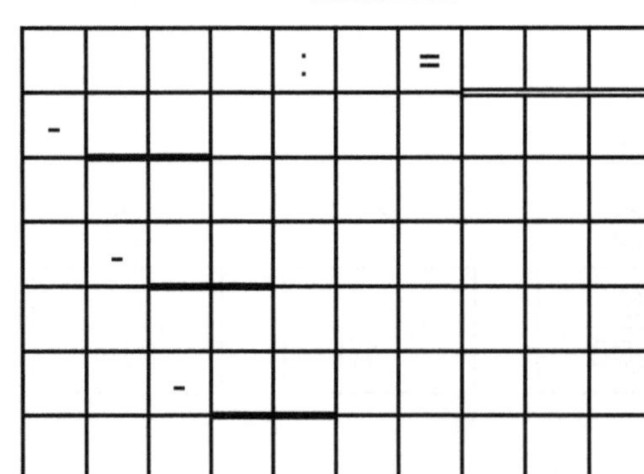

KOHL VERLAG
Mathe-Basics ... für Asylbewerber – Bestell-Nr. 12 210

8 Der Prozentbegriff

Prozentbegriff und Prozentschreibweise

Der Begriff **Prozent** kommt aus dem Lateinischen (*pro centum*) und bedeutet so viel wie „**von Hundert**“.

Durch die Angabe in Prozent kann man **verschiedene Größen** oder **Anteile** anschaulich **miteinander vergleichen**.

Am **Hunderterfeld** kann man den Zusammenhang zwischen **Bruch, Dezimalbruch** und **Prozentsatz** einfach erkennen:

Beispiel:

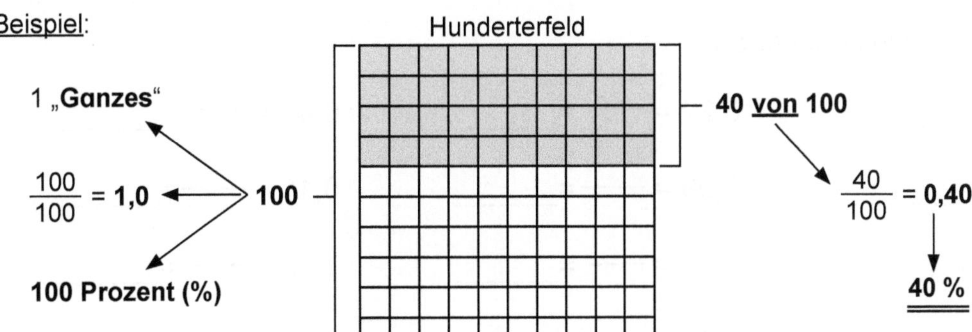

Aufgabe 1: *Wie viel Prozent im Hunderterfeld sind grau markiert?*

a)

$\frac{25}{100}$ = 0,25 = **25 %**

b)

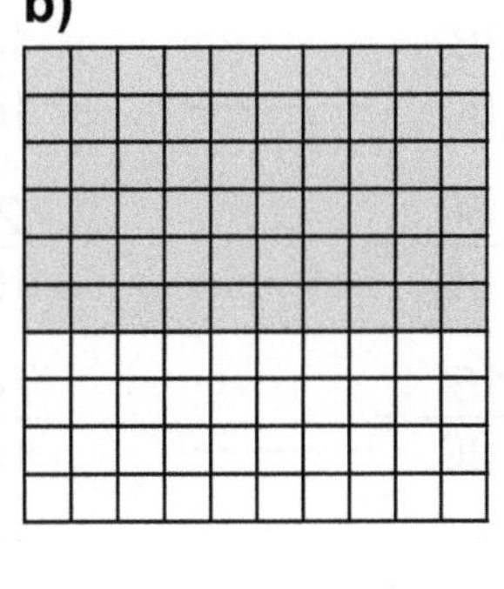

c)

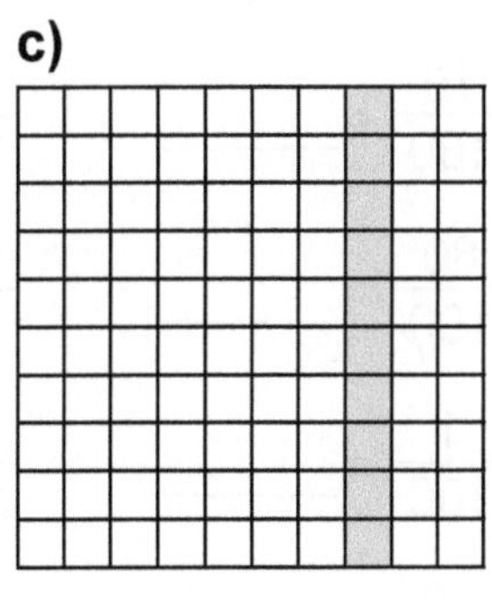

d)

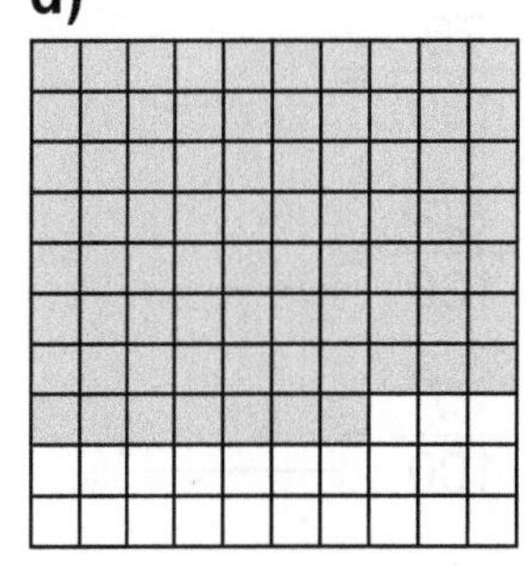

e)

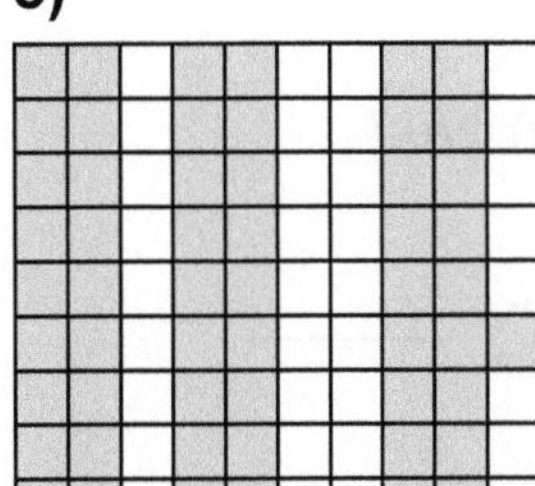

f)

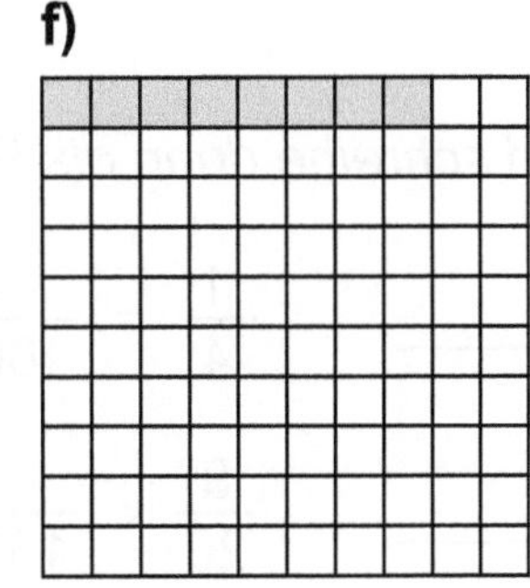

g)

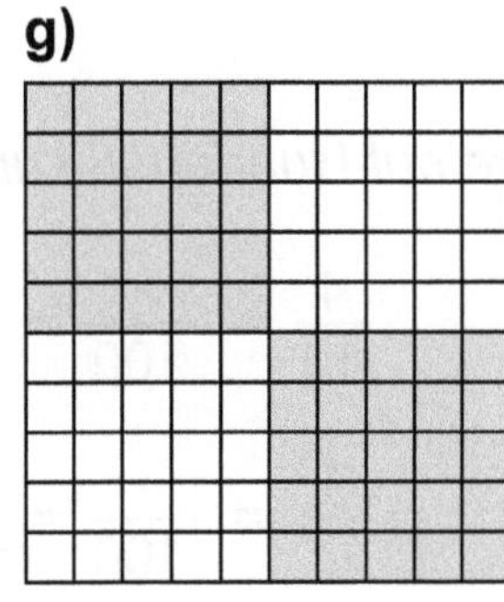

h)

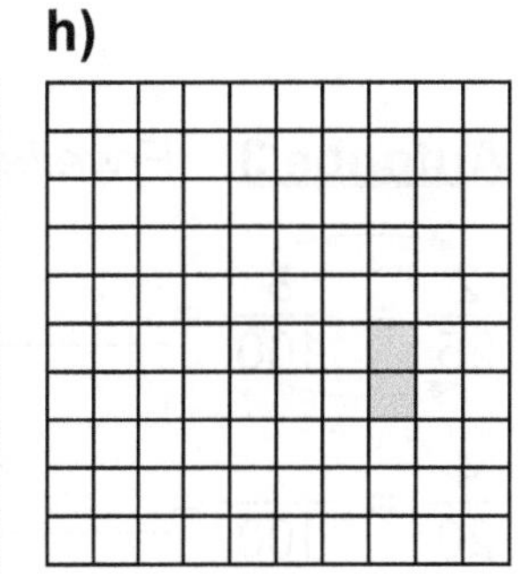

Aufgabe 2: *Wandle um und ergänze die Lücken.*

Bruch	$\frac{40}{100}$	$\frac{90}{100}$			$\frac{5}{100}$			$\frac{10}{100}$	
Dezimalbruch	0,40		0,55				0,04		
Prozentsatz	40 %			30 %		17 %			1 %

KOHL VERLAG Mathe-Basics ... für Asylbewerber – Bestell-Nr. 12 210

8 Der Prozentbegriff

Brüche in Prozent umwandeln

Wie du schon gesehen hast, kann man **Dezimalbrüche** auch **als Brüche** schreiben.

Beispiel: Der Dezimalbruch 0,25 ist als Bruch geschrieben $\frac{25}{100}$.

Einen Bruch mit **Hundertstel im Nenner** kann man auch **als Prozent** schreiben, also:

0,25 = $\frac{25}{100}$ = 25 % (25 „**Prozent**" ist soviel wie 25 „**von Hundert**")

Aufgabe 1: *Gib in Prozent an.*

0,85 = $\frac{85}{100}$ = 85 %	0,22 = —— = ______	0,47 = —— = ______
0,35 = —— = ______	0,99 = —— = ______	0,11 = —— = ______
0,15 = —— = ______	0,07 = —— = ______	1,00 = —— = ______
0,05 = —— = ______	0,01 = —— = ______	0,62 = —— = ______

Aufgabe 2: *Schreibe die Brüche als Prozent.*

$\frac{70}{100}$ = 70 %	$\frac{19}{100}$ = ______	$\frac{38}{100}$ = ______	$\frac{400}{100}$ = ______
$\frac{50}{100}$ = ______	$\frac{80}{100}$ = ______	$\frac{150}{100}$ = ______	$\frac{20}{100}$ = ______
$\frac{17}{100}$ = ______	$\frac{1}{100}$ = ______	$\frac{15}{100}$ = ______	$\frac{700}{100}$ = ______
$\frac{2}{100}$ = ______	$\frac{10}{100}$ = ______	$\frac{9}{100}$ = ______	$\frac{75}{100}$ = ______

Aufgabe 3: *Erweitere auf Hundertstel und schreibe dann als Prozent.*

$\frac{2}{25} \overset{\cdot 4}{=} \frac{8}{100}$ = 8 %	$\frac{4}{10} = \frac{\quad}{100}$ = ______	$\frac{1}{4} = \frac{\quad}{100}$ = ______
$\frac{4}{20} = \frac{\quad}{100}$ = ______	$\frac{1}{2} = \frac{\quad}{100}$ = ______	$\frac{8}{20} = \frac{\quad}{100}$ = ______
$\frac{9}{50} = \frac{\quad}{100}$ = ______	$\frac{4}{25} = \frac{\quad}{100}$ = ______	$\frac{3}{2} = \frac{\quad}{100}$ = ______
$\frac{2}{25} = \frac{8}{100}$ = ______	$\frac{44}{50} = \frac{\quad}{100}$ = ______	$\frac{9}{10} = \frac{\quad}{100}$ = ______

KOHL VERLAG Mathe-Basics ... für Asylbewerber – Bestell-Nr. 12 210

9 Ganze Zahlen

Ganze Zahlen darstellen

Die **natürlichen positiven Zahlen** und die **negativen Gegenzahlen** bilden zusammen die **Menge der ganzen Zahlen**.

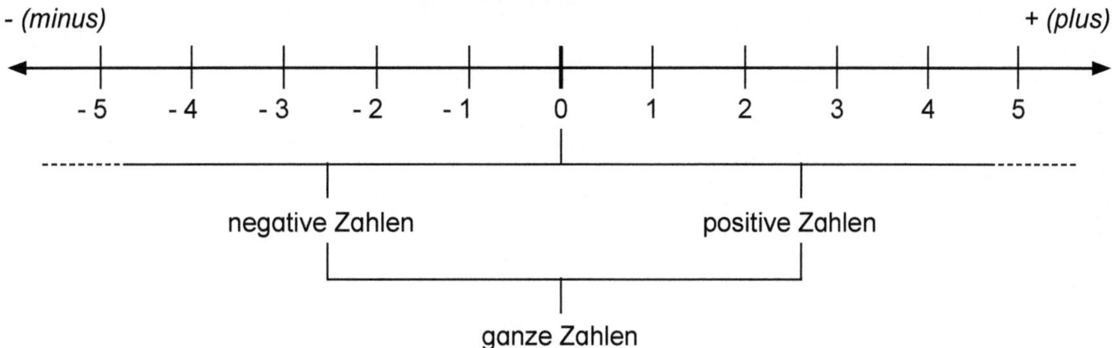

<u>Man schreibt</u>:

N = **{**1;2;3;4;5;6;7;8;9;10; ...**}** (= **Menge** der **natürlichen Zahlen**)

Z = **{**...;-5;-4;-3;-2;-1;0;1;2;3;4;5;...**}** (= **Menge** der **ganzen Zahlen**)

<u>Aufgabe 1</u>: *Lies die markierten Zahlen von der Zahlengeraden ab und notiere sie.*

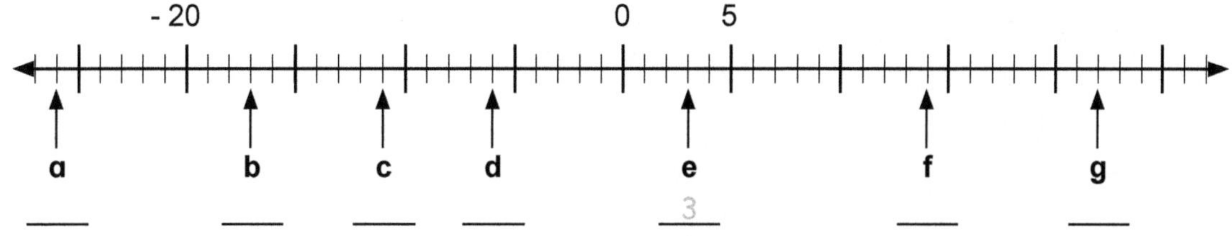

<u>Aufgabe 2</u>: *Markiere die angegebenen Zahlen auf der Zahlengeraden mit einem Pfeil und beschrifte dementsprechend.*

a = 14 **b** = 5 **c** = - 28 **d** = - 6 **e** = 2 **f** = - 3 **g** = - 11 **h** = -17

0 10

-3

<u>Aufgabe 3</u>: *Notiere die gesuchten Zahlen.*

Welche ganze Zahlen liegen zwischen ...

-6 und 4: ______________________________

-2 und -8: ______________________________

-26 und -35: ______________________________

KOHL VERLAG Lernen mit Erfolg
Mathe-Basics ... für Asylbewerber – Bestell-Nr. 12 210

10 Die Lösungen

Seite 10 Aufgabe 2:

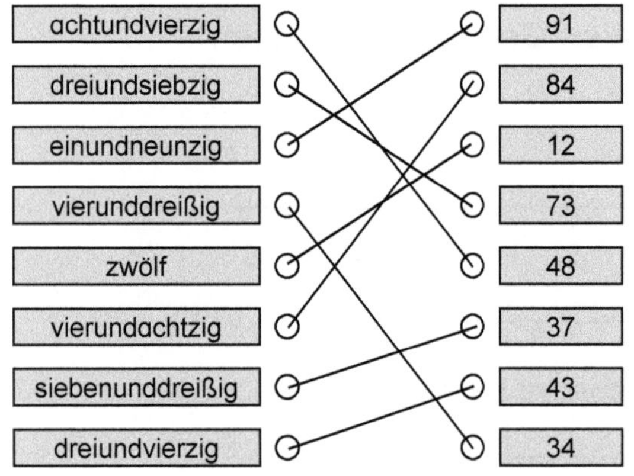

Seite 11 Aufgabe 2:

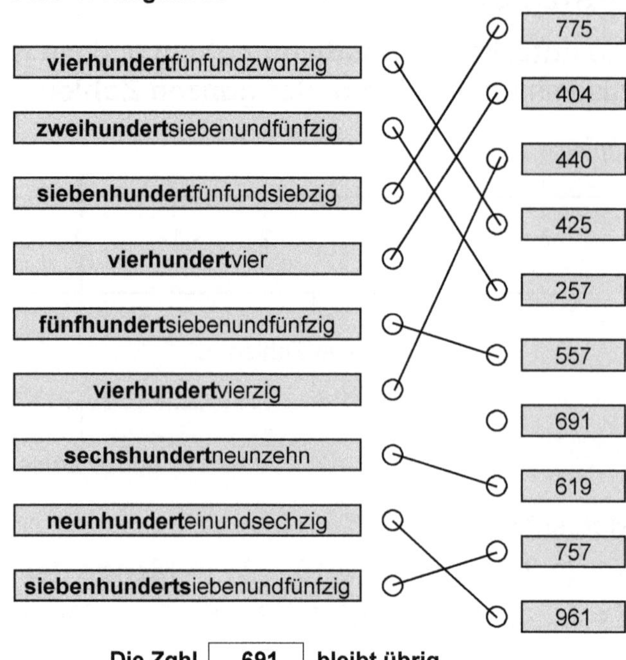

Die Zahl 691 **bleibt übrig.**

Seite 13 Aufgabe 1:

NEREIZILPITLUM = multiplizieren
EMMUS = (die) Summe
NOITKARTBUS = (die) Subtraktion
NEREIDDA = addieren
NOISIVID = (die) Division
NOITAKILPITLUM = (die) Multiplikation
NEREIHARTBUS = subtrahieren
TKUDORP = (das) Produkt
NOITIDDA = (die) Addition
NEREIDIVID = dividieren
TNEITOUQ = (der) Quotient
ZNEREFFID = (die) Differenz

+ − • :

Seite 13 Aufgabe 2:

S	U	B	T	R	a	H	I	E	R	E	N		
Q	U	**O**	T	I	E	N	T						
a	D	D	I	T	I	O	**N**						
a	D	D	I	E	R	E	**N**						
D	I	F	F	**E**	R	E	N	Z					
D	I	V	I	S	I	O	**N**						
S	U	**B**	T	R	a	K	T	I	O	N			
P	**R**	O	D	U	K	T							
D	I	V	I	D	**I**	E	R	E	N				
M	U	**L**	T	I	P	L	I	K	a	T	I	O	N
M	U	**L**	T	I	P	L	I	Z	I	E	R	E	N
S	U	M	M	**E**									

Lösungswort: **SONNENBRILLE**

10 Die Lösungen

Seite 14 Aufgabe 3:

Diese Wörter bedeuten alle so viel wie **addieren** .

ver	gern	ein	~~zu~~	hen	fül	zusammenzählen, vermehren	Rechen-zeichen
zäh	~~men~~	hö	len	len	~~zäh~~	dazuzählen, einzahlen	+
er	zu	meh	~~sam~~	ver	ein	verlängern, erhöhen	
len	län	zah	da	ren	~~len~~	einfüllen	

Diese Wörter bedeuten alle so viel wie **subtrahieren** .

ver	ab	ver	lie	set	ben	wegnehmen, abziehen	Rechen-zeichen
neh	ge	dern	zen	brau	hen	vermindern, ausgeben	−
kür	men	he	weg	rab	ren	verlieren, verbrauchen	
aus	ver	chen	zen	zie	min	herabsetzen, kürzen	

Diese Wörter bedeuten alle so viel wie **multiplizieren** .

dop	chen	viel	gen	neh	malnehmen, verdoppeln	Rechen-zeichen
men	fäl	mal	ver	ti	vervielfachen	•
ver	peln	ver	fa	viel	vervielfältigen	

Diese Wörter bedeuten alle so viel wie **dividieren** .

tei	zer	ein	auf	aufteilen, verteilen an	Rechen-zeichen
len in	len	ver	len an	zerlegen, einteilen in	:
le	tei	gen	tei		

Seite 15 Aufgabe 4:

a)

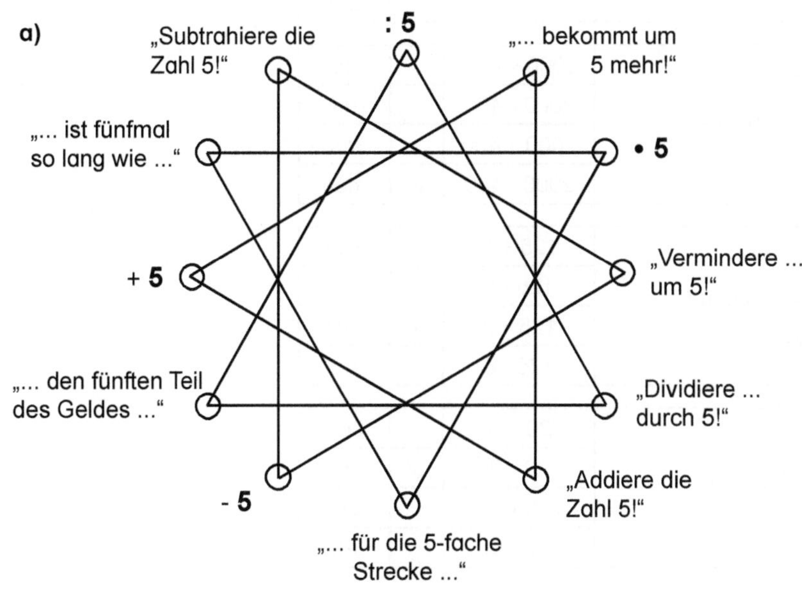

10 Die Lösungen

Seite 15 Aufgabe 4:

b)

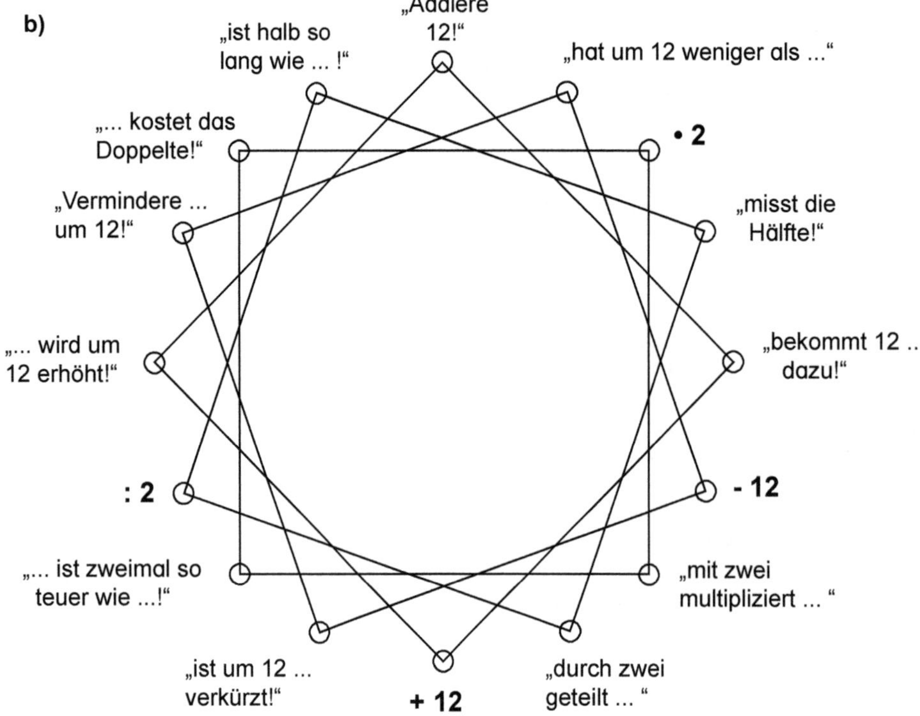

Seite 16 Aufgabe 5:

Aufgabe	Rechnung		Silbe
① Multipliziere die Zahl 25 mit 7! Ergebnis: 175	25 + 7		Blu
	25 - 7		Kei
	25 • 7	✓	Son
	25 : 7		Brau

Aufgabe	Rechnung		Silbe
② Addiere die Zahlen 1 500 und 300! Ergebnis: 1800	1500 + 300	✓	nen
	1500 - 300		der
	1500 • 300		men
	1500 : 300		se

Aufgabe	Rechnung		Silbe
③ Berechne die Differenz aus den Zahlen 275 und 134! Ergebnis: 141	275 + 134		er
	275 - 134	✓	blu
	275 • 134		an
	275 : 134		bril

Aufgabe	Rechnung		Silbe
④ Dividiere die Zahl 2000 durch 400! Ergebnis: 5	2000 + 400		ge
	2000 - 400		de
	2000 • 400		len
	2000 : 400	✓	men

Aufgabe	Rechnung		Silbe
⑤ Berechne das Produkt aus 125 und 8! Ergebnis: 1000	125 + 8		kan
	125 - 8		bot
	125 • 8	✓	ker
	125 : 8		bü

Aufgabe	Rechnung		Silbe
⑥ Subtrahiere von 720 die Zahl 90! Ergebnis: 630	720 + 90		ben
	720 - 90	✓	ne
	720 • 90		gel
	720 : 90		en

Das Lösungswort heißt: Sonnenblumenkerne

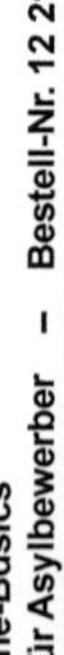

10 Die Lösungen

Seite 17 Aufgabe 1:

Zahl →	1	3	5	2	0	8	4	10	6	9
das Doppelte →	2	6	10	4	0	16	8	20	12	18

Seite 17 Aufgabe 2:

Zahl →	4	10	2	14	6	0	8	20	12	16
die Hälfte →	2	5	1	7	3	0	4	10	6	8

Seite 17 Aufgabe 3:

Lösungsvorschläge:

a) 4 + 6, 3 + 7, 9 + 1, 5 + 5, 1 + 9

b) 9 - 2, 10 - 3, 11 - 4, 14 - 7, 8 - 1

c) 8 + 8, 10 + 6, 12 + 4, 9 + 7, 11 + 5

d) 12 - 3, 18 - 9, 15 - 6, 20 - 11, 10 - 1

Seite 17 Aufgabe 4:

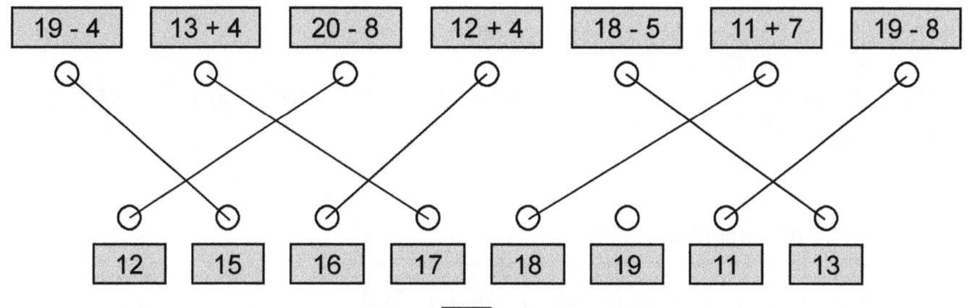

Die Zahl 19 bleibt übrig.

Seite 18 Aufgabe 1:

a)

	Z	E
42 →	4	2
19 →	1	9
88 →	8	8
3 →	0	3
57 →	5	7
91 →	9	1
64 →	6	4
35 →	3	5

b)

	Z	E
24 →	2	4
70 →	7	0
7 →	0	7
33 →	3	3
100 →	10	0
10 →	1	0
99 →	9	9
1 →	0	1

Seite 18 Aufgabe 2:

a)

Z	E	
5	8	→ 50 + 8 = 58
1	5	→ 10 + 5 = 15
7	6	→ 70 + 6 = 76
9	9	→ 90 + 9 = 99
3	0	→ 30 + 0 = 30
2	3	→ 20 + 3 = 23
0	6	→ 0 + 6 = 6
1	1	→ 10 + 1 = 11

b)

Z	E	
4	9	→ 40 + 9 = 49
8	0	→ 80 + 0 = 80
6	7	→ 60 + 7 = 67
2	9	→ 20 + 9 = 29
4	4	→ 40 + 4 = 44
7	2	→ 70 + 2 = 72
2	6	→ 20 + 6 = 26
8	3	→ 80 + 3 = 83

10 Die Lösungen

Seite 18 Aufgabe 3:

a)

Z	E		
3	2	→	32
4	5	→	45
7	7	→	77
9	6	→	96
0	2	→	2

b)

Z	E		
4	9	→	49
10	0	→	100
8	0	→	80
1	9	→	19
0	1	→	1

Seite 19 Aufgabe 1:

a) *100:* 30 + 70, 80 + 20, 60 + 40, 10 + 90, 50 + 50
b) *20:* 17 + 3, 5 + 15, 13 + 7, 9 + 11, 18 + 2
c) *50:* 35 + 15, 30 + 20, 25 + 25, 35 + 15, 10 + 40
d) *70:* 30 + 40, 10 + 60, 20 + 50, 25 + 45, 15 + 55

1000: 300 + 700, 800 + 200, 600 + 400, 100 + 900, 500 + 500
200: 170 + 30, 50 + 150, 130 + 70, 90 + 110, 180 + 20
500: 350 + 150, 300 + 200, 250 + 250, 350 + 150, 100 + 400
700: 300 + 400, 100 + 600, 200 + 500, 250 + 450, 150 + 550

Seite 19 Aufgabe 2:

Lösungsvorschläge:
a) 100 + 100, 300 - 100, 120 + 80, 500 - 300
b) 400 + 500, 1000 - 100, 600 + 300, 950 - 50
c) 300 + 200, 600 - 100, 250 + 250, 800 - 300

Seite 19 Aufgabe 3:

a) Verdopple:

400	250	300	150	500
800	500	600	300	1000

b) Halbiere:

700	900	600	1000	100
350	450	300	500	50

Seite 20 Aufgabe 1:

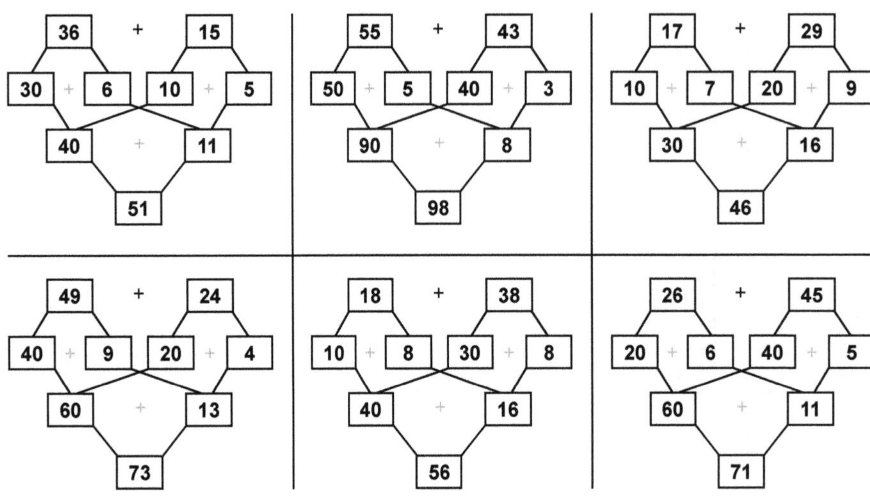

Seite 20 Aufgabe 2:

29 + 14 = 43 T
34 + 59 = 93 I
16 + 39 = 55 N
47 + 45 = 92 A

37 + 44 = 81 S
21 + 69 = 90 V
56 + 28 = 84 E
19 + 52 = 71 N

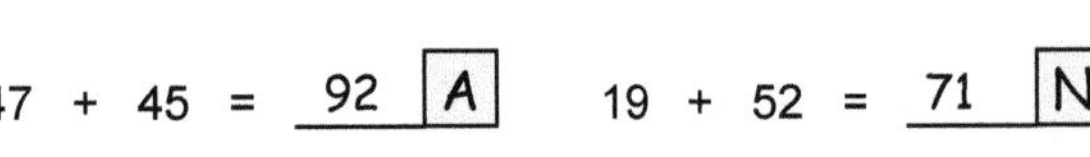

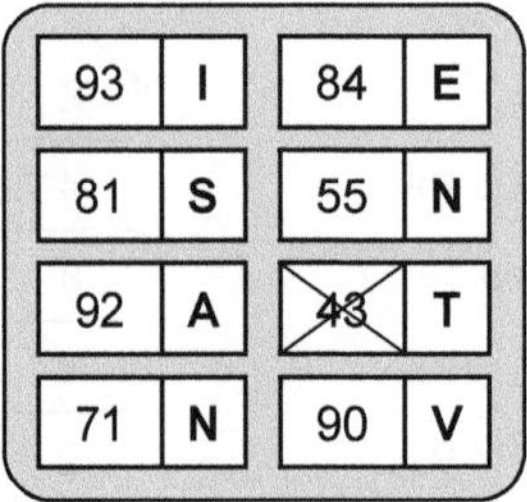

93	I	84	E
81	S	55	N
92	A	~~43~~	T
71	N	90	V

Die Kinder heißen Tina und Sven.

Mathe-Basics ... für Asylbewerber – Bestell-Nr. 12 210
KOHL VERLAG

10 Die Lösungen

Seite 21 Aufgabe 1:

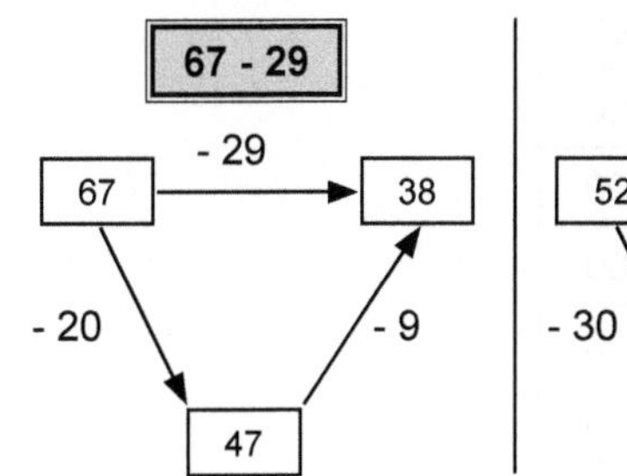

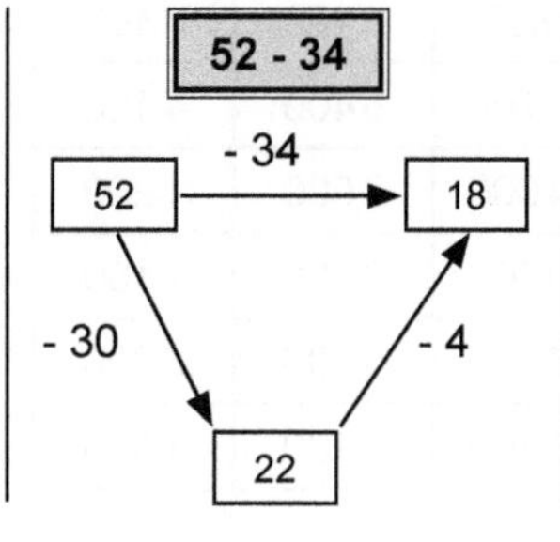

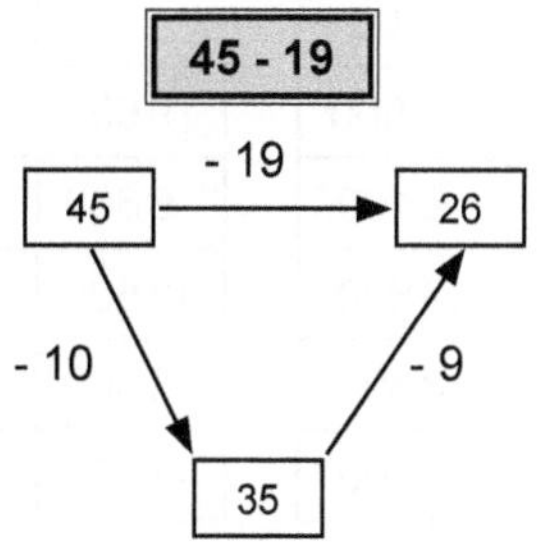

Seite 21 Aufgabe 2:

36 - 19 = 17 H　　84 - 48 = 36 I

42 - 26 = 16 U　　67 - 39 = 28 G

71 - 13 = 58 N　　93 - 25 = 68 E

55 - 37 = 18 D　　48 - 29 = 19 L

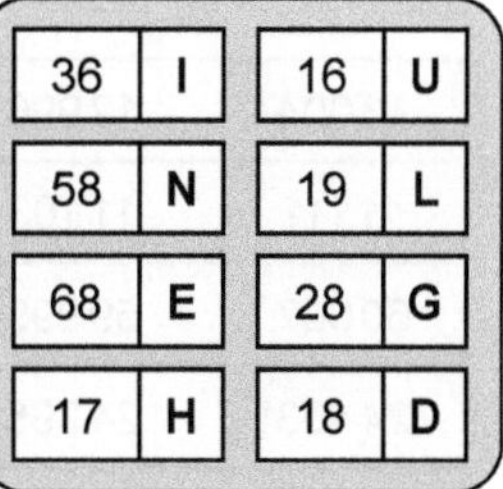

Die Tiernamen sind Hund und Igel.

Seite 21 Aufgabe 3:

Lösungsvorschläge:
Plusaufgaben: 25 + 17 = 42, 33 + 22 = 55, 15 + 22 = 37
Minusaufgaben: 55 - 13 = 42, 70 - 15 = 55, 57 - 20 = 37

Seite 22 Aufgabe 1:

190 + 250 = 440, 280 + 650 = 930, 340 + 180 = 520
360 + 170 = 530, 420 + 560 = 980, 480 + 350 = 830
530 + 440 = 970, 150 + 370 = 520, 570 + 140 = 710
710 + 290 = 1000, 670 + 260 = 930, 190 + 150 = 340

Die Zahl 610 bleibt übrig.

Seite 22 Aufgabe 2:

390 - 170 = 220, 510 - 330 = 180, 810 - 450 = 360
650 - 290 = 360, 940 - 380 = 560, 470 - 210 = 260
820 - 280 = 540, 380 - 190 = 190, 690 - 550 = 140
440 - 160 = 280, 720 - 550 = 170, 330 - 110 = 220

Die Zahl 420 bleibt übrig.

Seite 22 Aufgabe 3:

450 + 260 = 710, 330 + 480 = 810, 230 + 770 = 1000
350 – 190 = 160, 850 – 660 = 190, 440 – 230 = 210
540 + 370 = 910, 670 + 320 = 990, 580 + 150 = 730
560 – 280 = 280, 710 – 450 = 260, 610 – 490 = 120

Die kleinste Ergebniszahl heißt 120.
Die größte Ergebniszahl heißt 1000.

Seite 23 Aufgabe 1:

a)

das Doppelte	16000	80000	400000	100000	240000
Zahl	8000	40000	200000	50000	120000
die Hälfte	4000	20000	100000	25000	60000

b)

das Doppelte	40000	140000	1000000	280000	36000
Zahl	20000	70000	500000	140000	18000
die Hälfte	10000	35000	250000	70000	9000

10 Die Lösungen

Seite 23 Aufgabe 2:

+	2600	3500	7400
3100	5700	6600	10500
1700	4300	5200	9100
6400	9000	9900	13800
5900	8500	9400	13300
4500	7100	8000	11900

-	1800	4100	5400
9500	7700	5400	4100
6600	4800	2500	1200
12500	10700	8400	7100
8300	6500	4200	2900
7200	5400	3100	1800

Seite 23 Aufgabe 3:

+ 6 →	
29998	30004
13095	13101
26895	26901
49997	50003
76994	77000
49998	50004
75999	76005

- 8 →	
13004	12996
11111	11103
60007	59999
24403	24395
48002	47994
10000	9992
35900	35892

+ 9 →	
179991	180000
330339	330348
541907	541916
470049	470058
808896	808905
417177	417186
199999	200008

Seite 25 Aufgabe 1:

•	8	4	7	6
9	72	36	63	54
7	56	28	49	42
3	24	12	21	18
6	48	24	42	36

•	2	9	5	10
8	16	72	40	80
4	8	36	20	40
6	12	54	30	60
7	14	63	35	70

•	7	8	4	9
5	35	40	20	45
2	14	16	8	18
6	42	48	24	54
3	21	24	12	27

Seite 25 Aufgabe 2:

Falsch sind die Aufgaben: 7 • 9 = <u>63</u> und 4 • 7 = <u>28</u>

Seite 25 Aufgabe 3:

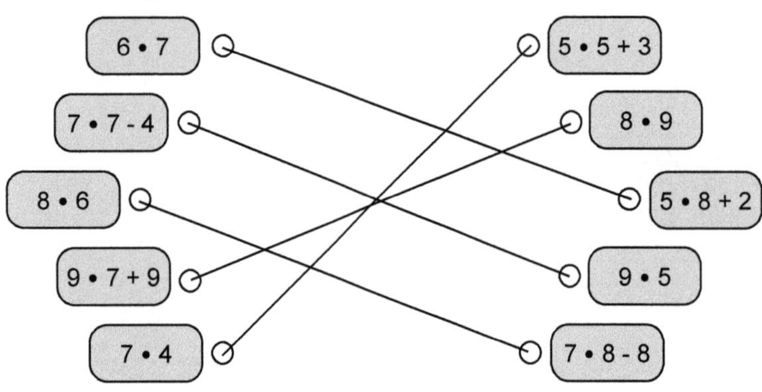

Seite 25 Aufgabe 4:

: 7	
21	3
56	8
35	5
14	2
63	9

: 9	
63	7
45	5
27	3
72	8
54	6

: 4	
36	9
20	5
28	7
12	3
16	4

: 6	
54	9
30	5
42	7
18	3
24	4

Mathe-Basics ... für Asylbewerber – Bestell-Nr. 12 210
KOHL VERLAG

10 Die Lösungen

Seite 26 Aufgabe 1:

5 • 40 = 5 • 4 • 10 = 20 • 10 = 200
3 • 600 = 3 • 6 • 100 = 18 • 100 = 1800
2 • 80 = 2 • 8 • 10 = 16 • 10 = 160
6 • 300 = 6 • 3 • 100 = 18 • 100 = 1800
4 • 70 = 4 • 7 • 10 = 28 • 10 = 280
7 • 200 = 7 • 2 • 100 = 14 • 100 = 1400
3 • 90 = 3 • 9 • 10 = 27 • 10 = 270
5 • 300 = 5 • 3 • 100 = 15 • 100 = 1500
20 • 50 = 2 • 5 • 100 = 10 • 100 = 1000
20 • 500 = 2 • 5 • 1000 = 10 • 1000 = 10000
50 • 30 = 5 • 3 • 100 = 15 • 100 = 1500

Seite 26 Aufgabe 2:

5 • 90 = 450
60 • 3 = 180
4 • 90 = 360
70 • 8 = 560

800 • 7 = 5600
9 • 400 = 3600
300 • 6 = 1800
9 • 500 = 4500

50 • 90 = 4500
60 • 30 = 1800
40 • 90 = 3600
70 • 80 = 5600

Seite 26 Aufgabe 3:

8 • 20 = 160
70 • 7 = 490
40 • 50 = 200
9 • 80 = 720

7 • 900 = 6300
700 • 4 = 2800
500 • 7 = 3500
4 • 900 = 3600

50 • 40 = 2000
50 • 60 = 3000
20 • 90 = 1800
70 • 80 = 5600

Seite 27 Aufgabe 1:

• 9 →	
6	54
60	540
600	5400
6000	54000
60000	540000

• 7 →	
8	56
80	560
800	5600
8000	56000
80000	560000

• 4 →	
9	36
90	360
900	3600
9000	36000
90000	360000

Seite 27 Aufgabe 2:

•	20	500	8000
10	200	5000	80000
6	120	3000	48000
40	800	20000	320000

•	50	400	6000
50	2500	20000	300000
700	35000	280000	4200000
20	1000	8000	120000

Seite 27 Aufgabe 3:

: 8 →	
72	9
720	90
7200	900
1600	200
16000	2000

: 6 →	
24	4
240	40
2400	400
3000	500
30000	5000

: 3 →	
27	9
270	90
2700	900
18000	6000
21000	7000

Seite 27 Aufgabe 4:

:	3	60	200
120000	40000	2000	600
180000	60000	3000	900
240000	80000	4000	1200

:	40	200	8000
320000	8000	1600	40
400000	10000	2000	50
160000	4000	800	20

10 Die Lösungen

Seite 28 Aufgabe 1:

Beim schriftlichen Rechnen lassen sich **Fehler** sehr oft vermeiden, wenn man **sauber** und **übersichtlich** arbeitet. Beim Zusammenzählen oder Abziehen ist es zum Beispiel ganz wichtig, dass die einzelnen **Ziffern** stellengerecht **untereinander** geschrieben werden. Also **Einer** unter **Einer**, Zehner **unter** Zehner usw. Für **Überträge** (z. B.„Eins an“) sollte genügend **Platz** frei gelassen werden. Für **Linien** oder **Unterstreichungen** verwendet man immer ein **Lineal**! Vor jeder schriftlichen Rechnung sagt mir der **Überschlag**, wie groß mein **Ergebnis** ungefähr sein wird!

Seite 29 Aufgabe 1:

(ohne Überschreitung)

	T	H	Z	E
	3	1	4	3
+	3	2	3	5
	6	3	7	8

	T	H	Z	E
	5	7	3	2
+	2	1	5	4
	7	8	8	6

	T	H	Z	E
	7	4	4	6
+		2	5	0
	7	6	9	6

	T	H	Z	E
	2	8	3	0
+	6	1	0	7
	8	9	3	7

	T	H	Z	E
	1	0	9	1
+		9	0	5
	1	9	9	6

(mit Überschreitung)

	T	H	Z	E
	4	1	3	6
+	2	6	4	5
			1	
	6	7	8	1

	T	H	Z	E
	1	3	8	0
+	6	9	4	5
	1	1		
	8	3	2	5

	T	H	Z	E
	7	8	9	9
+	1	1	0	1
+		9	9	8
	1	1	1	
	9	9	9	8

	T	H	Z	E
	1	3	7	4
+		8	1	8
+	5	5	8	5
	1	1	1	
	7	7	7	7

	T	H	Z	E
		5	0	5
+	4	9	4	7
+	1	7	1	9
	2		2	
	7	1	7	1

Seite 29 Aufgabe 2:

24 147 + 3 801 + 16 474

	ZT	T	H	Z	E
	2	4	1	4	7
+		3	8	0	1
+	1	6	4	7	4
	1	1	1	1	
	4	4	4	2	2

115 485 + 249 400 + 856

	HT	ZT	T	H	Z	E
	1	1	5	4	8	5
+	2	4	9	4	0	0
+				8	5	6
		1	1	1	1	
	3	6	5	7	4	1

395 + 15 025 + 248 639

	HT	ZT	T	H	Z	E
				3	9	5
+		1	5	0	2	5
+	2	4	8	6	3	9
		1	1	1	1	
	2	6	4	0	5	9

Seite 29 Aufgabe 3:

	HT	ZT	T	H	Z	E
	7	0	5	4	6	9
+		2	3	7	0	8
+	1	1	3	7	9	6
		1	1	1	2	
	8	4	2	9	7	3

	HT	ZT	T	H	Z	E
			4	7	2	7
	1	0	9	2	5	8
+		6	2	0	3	9
		1	1	1	2	
	1	7	6	0	2	4

	HT	ZT	T	H	Z	E
	5	3	7	2	5	6
+		9	4	1	0	4
+	2	1	1	5	7	7
	1	1		1	1	
	8	4	2	9	3	7

	HT	ZT	T	H	Z	E
		4	7	2	7	0
+			9	3	4	7
+	1	1	0	4	2	5
		1	1	1	1	
	1	6	7	0	4	2

Die Zahl 167 024 bleibt übrig.

KOHL VERLAG Mathe-Basics ... für Asylbewerber – Bestell-Nr. 12 210

10 Die Lösungen

Seite 30 Aufgabe 1:

Aufgabe (Beispiel)

	T	H	Z	E
	6	8	4	2
-	2	3	2	1
	4	5	2	1

Probe

	T	H	Z	E
	4	5	2	1
+	2	3	2	1
	6	8	4	2

Aufgabe

	T	H	Z	E
	5	3	6	8
-	4	2	5	7
	1	1	1	1

Probe

	T	H	Z	E
	1	1	1	1
+	4	2	5	7
	5	3	6	8

Aufgabe

	T	H	Z	E
	8	7	4	5
-	4	5	3	6
			1	
	4	2	0	9

Probe

	T	H	Z	E
	4	2	0	9
+	4	5	3	6
			1	
	8	7	4	5

Aufgabe

	T	H	Z	E
	4	1	2	1
-	2	0	1	7
			1	
	2	1	0	4

Probe

	T	H	Z	E
	2	1	0	4
+	2	0	1	7
			1	
	4	1	2	1

Seite 30 Aufgabe 2:

47451 - 8523

	ZT	T	H	Z	E
	4	7	4	5	1
-		8	5	2	3
	1	1		1	
	3	8	9	2	8

90378 - 5309

	ZT	T	H	Z	E
	9	0	3	7	8
-		5	3	0	9
	1			1	
	8	5	0	6	9

44444 - 18218

	ZT	T	H	Z	E
	4	4	4	4	4
-	1	8	2	1	8
	1			1	
	2	6	2	2	6

22016 - 12017

	ZT	T	H	Z	E
	2	2	0	1	6
-	1	2	0	1	7
	1	1	1	1	
		9	9	9	9

547736 - 89758

	HT	ZT	T	H	Z	E
	5	4	7	7	3	6
-		8	9	7	5	8
	1	1	1	1	1	
	4	5	7	9	7	8

924678 - 456789

	HT	ZT	T	H	Z	E
	9	2	4	6	7	8
-	4	5	6	7	8	9
	1	1	1	1	1	
	4	6	7	8	8	9

733301 - 644413

	HT	ZT	T	H	Z	E
	7	3	3	3	0	1
-	6	4	4	4	1	3
	1	1	1	1	1	
		8	8	8	8	8

412214 - 356326

	HT	ZT	T	H	Z	E
	4	1	2	2	1	4
-	3	5	6	3	2	6
	1	1	1	1		
		5	5	8	8	8

Seite 30 Aufgabe 3:

	HT	ZT	T	H	Z	E
	2	0	7	6	4	3
-		6	5	0	1	2
	1					
	1	4	2	6	3	1

	ZT	T	H	Z	E
	9	8	8	5	4
-	5	5	9	6	5
		1	1	1	
	4	2	8	8	9

	ZT	T	H	Z	E
	3	9	1	9	9
-	3	0	9	0	9
		1			
		8	2	9	0

Seite 31 Aufgabe 1:

Beispiel:

T	H	Z	E				T	H	Z	E
2	3	1	2	•	3	=	6	9	3	6
			2	•	3	=				6
		1	0	•	3	=			3	0
	3	0	0	•	3	=		9	0	0
2	0	0	0	•	3	=	6	0	0	0
2	3	1	2	•	3	=	6	9	3	6

T	H	Z	E				T	H	Z	E
1	2	2	1	•	4	=	4	8	8	4
			1	•	4	=				4
		2	0	•	4	=			8	0
	2	0	0	•	4	=		8	0	0
1	0	0	0	•	4	=	4	0	0	0
1	2	2	1	•	4	=	4	8	8	4

T	H	Z	E				T	H	Z	E
2	3	2	4	•	3	=	6	9	7	2
			4	•	3	=			1	2
		2	0	•	3	=			6	0
	3	0	0	•	3	=		9	0	0
2	0	0	0	•	3	=	6	0	0	0
2	3	2	4	•	3	=	6	9	7	2

T	H	Z	E				T	H	Z	E
1	4	8	3	•	5	=	7	4	1	5
			3	•	5	=			1	5
		8	0	•	5	=		4	0	0
	4	0	0	•	5	=	2	0	0	0
1	0	0	0	•	5	=	5	0	0	0
1	4	8	3	•	5	=	7	4	1	5

T	H	Z	E				T	H	Z	E
3	2	9	0	•	3	=	9	8	7	0
			0	•	3	=				0
		9	0	•	3	=		2	7	0
	2	0	0	•	3	=		6	0	0
3	0	0	0	•	3	=	9	0	0	0
3	2	9	0	•	3	=	9	8	7	0

T	H	Z	E				T	H	Z	E
4	8	6	9	•	2	=	9	7	3	8
			9	•	2	=			1	8
		6	0	•	2	=		1	2	0
	8	0	0	•	2	=	1	6	0	0
4	0	0	0	•	2	=	8	0	0	0
4	8	6	9	•	2	=	9	7	3	8

Seite 31 Aufgabe 2:

5	2	3	7	•	4
	2	0	9	4	8

Überschlag: 5000 • 4 = 20000

7	8	0	9	•	6
	4	6	8	5	4

Überschlag: 8000 • 6 = 48000

5	0	9	0	8	•	7
	3	5	6	3	5	6

Überschlag: 50000 • 7 = 350000

1	0	9	8	0	•	5
		5	4	9	0	0

Überschlag: 11000 • 5 = 55000

4	5	0	0	7	•	9
	4	0	5	0	6	3

Überschlag: 50000 • 9 = 450000

6	2	5	7	4	•	8
	5	0	0	5	9	2

Überschlag: 60000 • 8 = 480000

Seite 31 Aufgabe 3: Diese Ergebnisse sind falsch: 68389, 556115, 125325

10 Die Lösungen

Seite 32 Aufgabe 1:

3	2	6	•	3	8
		9	7	8	0
+		2	6	0	8
	1	2	3	8	8

Überschlag:
300 • 40 = 12 000

8	8	8	•	8	8
	7	1	0	4	0
+		7	1	0	4
	7	8	1	4	4

Überschlag:
900 • 90 = 81 000

6	0	9	4	•	2	3
	1	2	1	8	8	0
+		1	8	2	8	2
	1	4	0	1	6	2

Überschlag:
6 000 • 20 = 120 000

5	7	0	5	•	6	9
	3	4	2	3	0	0
+		5	1	3	4	5
	3	9	3	6	4	5

Überschlag:
6 000 • 70 = 420 000

Seite 32 Aufgabe 2:

6	3	5	4	•	2	8
	1	2	7	0	8	0
+		5	0	8	3	2
	1	7	7	9	1	2

5	0	7	0	•	5	9
	2	5	3	5	0	0
+		4	5	6	3	0
	2	9	9	1	3	0

1	9	7	0	5	•	6	6
	1	1	8	2	3	0	0
+		1	1	8	2	3	0
	1	3	0	0	5	3	0

Seite 32 Aufgabe 3:

6	0	8	9	•	4	2
	2	4	3	5	6	
+		1	2	1	7	8
	2	5	5	7	3	8

3	0	0	3	•	2	7
		6	0	0	6	
+			~~2~~	~~1~~	2	1
		6	2	1	8	1

7	0	8	0	•	5	5
	3	5	4	0	0	
+		3	5	4	0	0
	3	8	9	4	0	0

9	9	9	9	•	8	9
		~~7~~	9	9	2	
+		8	9	9	9	1
	1	6	9	9	1	1

Ich rechne richtig:

3	0	0	3	•	2	7
		6	0	0	6	
+		2	1	0	2	1
		8	1	0	8	1

9	9	9	9	•	8	9
	7	9	9	9	2	0
+		8	9	9	9	1
	8	8	9	9	1	1

Seite 33 Aufgabe 1:

1	7	3	•	2	5	2
		3	4	6	0	0
+			8	6	5	0
+				3	4	6
		4	3	5	9	6

8	2	5	•	3	6	8
	2	4	7	5	0	0
+		4	9	5	0	0
+			6	6	0	0
	3	0	3	6	0	0

2	5	7	9	•	1	2	6
		2	5	7	9	0	0
+			5	1	5	8	0
+			1	5	4	7	4
		3	2	4	9	5	4

1	9	9	8	•	4	7	9
		7	9	9	2	0	0
+		1	3	9	8	6	0
+			1	7	9	8	2
		9	5	7	0	4	2

Seite 33 Aufgabe 2:

3	1	5	•	4	0	1
	1	2	6	0	0	0
+				0	0	0
+				3	1	5
	1	2	6	3	1	5

8	6	6	•	8	8	0
	6	9	2	8	0	0
+		6	9	2	8	0
+				0	0	0
	7	6	2	0	8	0

4	2	2	5	•	2	0	9
		8	4	5	0	0	0
+			0	0	0	0	0
+			3	8	0	2	5
		8	8	3	0	2	5

3	0	6	0	•	3	2	0
		9	1	8	0	0	0
+			6	1	2	0	0
+				0	0	0	0
		9	7	9	2	0	0

Seite 33 Aufgabe 3:

2	2	5	•	1	1	7
		2	2	5	0	0
+			2	2	5	0
+			1	5	7	5
		2	6	3	2	5

3	4	1	•	2	7	8
		6	8	2	0	0
+		2	3	8	7	0
+			2	7	2	8
		9	4	7	9	8

1	5	4	5	•	2	1	4
		3	0	9	0	0	0
+			1	5	4	5	0
+				6	1	8	0
		3	3	0	6	3	0

1	5	0	7	•	6	4	8
		9	0	4	2	0	0
+			6	0	2	8	0
+			1	2	0	5	6
		9	7	6	5	3	6

1	0	0	5	•	5	5	0
		5	0	2	5	0	0
+			5	0	2	5	0
+				0	0	0	0
		5	5	2	7	5	0

Die Zahl 360 600 bleibt übrig.

KOHL VERLAG
Mathe-Basics ... für Asylbewerber – Bestell-Nr. 12 210

10 Die Lösungen

Seite 34 Aufgabe 1:

	T	H	Z	E				T	H	Z	E
	8	7	4	5	:	5	=	1	7	4	9
-	5										
	3	7									
-	3	5									
		2	4								
	-	2	0								
			4	5							
		-	4	5							
				0							

	T	H	Z	E				T	H	Z	E
	9	5	0	6	:	7	=	1	3	5	8
-	7										
	2	5									
-	2	1									
		4	0								
	-	3	5								
			5	6							
		-	5	6							
				0							

Seite 34 Aufgabe 2:

1	5	3	6	:	6	=	2	5	6
1	2								
	3	3			Probe:				
-	3	0			2	5	6	•	6
		3	6			1	5	3	6
	-	3	6						
			0						

3	4	1	1	:	9	=	3	7	9
2	7								
	7	1			Probe:				
-	6	3			3	7	9	•	9
		8	1			3	4	1	1
	-	8	1						
			0						

2	9	1	9	:	7	=	4	1	7
2	8								
	1	1			Probe:				
-		7			4	1	7	•	7
		4	9			2	9	1	9
	-	4	9						
			0						

6	0	0	6	:	7	=	8	5	8
5	6								
	4	0			Probe:				
-	3	5			8	5	8	•	7
		5	6			6	0	0	6
	-	5	6						
			0						

Seite 35 Aufgabe 2 (Fortsetzung):

8	1	0	9	:	9	=	9	0	1
8	1								
	0	0			Probe:				
-		0			9	0	1	•	9
		0	9			8	1	0	9
	-		9						
			0						

3	5	5	0	:	5	=	7	1	0
3	5								
	0	5			Probe:				
-		5			7	1	0	•	5
		0	0			3	5	5	0
	-		0						
			0						

Seite 35 Aufgabe 3:

	9	8	7	3	:	5	=	1	9	7	4	**R**	3
-	5												
	4	8											
-	4	5											
		3	7										
	-	3	5					Probe:					
			2	3				1	9	7	4	•	5
		-	2	0						9	8	7	0
				3					+				3
										9	8	7	3

	6	0	0	0	0	:	9	=	6	6	6	6	**R**	6
-	5	4												
		6	0											
	-	5	4											
			6	0										
		-	5	4					Probe:					
				6	0				6	6	6	6	•	9
			-	5	4					5	9	9	9	4
					6				+					6
										6	0	0	0	0

KOHL VERLAG
Mathe-Basics ... für Asylbewerber – Bestell-Nr. 12 210

10 Die Lösungen

Seite 36 Aufgabe 1:

	8	8	2	0	:	7	0	=	1	2	6
-	7	0									
	1	8	2			Probe:					
-	1	4	0			1	2	6	•	7	0
		4	2	0				8	8	2	0
	-	4	2	0							
				0							

	3	1	4	4	0	:	6	0	=	5	2	4	
-	3	0	0										
		1	4	4				Probe:					
	-	1	2	0				5	2	4	•	6	0
			2	4	0				3	1	4	4	0
		-	2	4	0								
					0								

	3	1	8	6	0	:	9	0	=	3	5	4	
-	2	7	0										
		4	8	6				Probe:					
	-	4	5	0				3	5	4	•	9	0
			3	6	0				3	1	8	6	0
		-	3	6	0								
					0								

	6	7	9	7	0	:	7	0	=	9	7	1	
-	6	3	0										
		4	9	7				Probe:					
	-	4	9	0				9	7	1	•	7	0
				7	0				6	7	9	7	0
		-		7	0								
					0								

Seite 36 Aufgabe 2:

	2	6	5	2	:	1	2	=	2	2	1
-	2	4									
		2	5			Probe:					
	-	2	4			2	2	1	•	1	2
			1	2				2	2	1	0
		-	1	2			+		4	4	2
				0				2	6	5	2

	2	4	3	6	:	4	2	=	5	8	
-	2	1	0								
		3	3	6		Probe:					
	-	3	3	6		5	8	•	4	2	
				0			2	3	2	0	
						+		1	1	6	
							2	4	3	6	

	1	3	5	1	5	:	5	1	=	2	6	5	
-	1	0	2										
		3	3	1				Probe:					
	-	3	0	6				2	6	5	•	5	1
			2	5	5				1	3	2	5	0
		-	2	5	5			+			2	6	5
					0				1	3	5	1	5

Seite 37 Aufgabe 2 (Fortsetzung):

	2	1	2	4	3	:	7	3	=	2	9	1	
-	1	4	6										
		6	6	4				Probe:					
	-	6	5	7				2	9	1	•	7	3
			0	7	3				2	0	3	7	0
			-	7	3			+			8	7	3
					0				2	1	2	4	3

	1	4	4	7	6	:	4	7	=	3	0	8	
-	1	4	1										
			3	7				Probe:					
		-		0				3	0	8	•	4	7
			3	7	6				1	2	3	2	0
		-	3	7	6			+		2	1	5	6
					0				1	4	4	7	6

	3	7	2	4	9	6	:	6	2	=	6	0	0	8
-	3	7	2											
			0	4				Probe:						
		-		0				6	0	0	8	•	6	2
				4	9				3	6	0	4	8	0
					0			+		1	2	0	1	6
				4	9	6			3	7	2	4	9	6
			-	4	9	6								

Mathe-Basics ... für Asylbewerber – Bestell-Nr. 12 210
KOHL VERLAG Lernen mit Erfolg

10 Die Lösungen

Seite 38 Aufgabe 1:

Das ist **ein** Millimeter. Man kann auch schreiben: **1** mm.

Die <u>kleinsten Striche</u> auf dem Lineal zeigen die Länge in Millimeter.

Das ist **ein** Zentimeter. Man kann auch schreiben: **1** cm.

Zehn Millimeter auf dem Lineal sind so lang wie **ein** Zentimeter.

Das ist **ein** Dezimeter. Man kann auch schreiben: **1** dm.

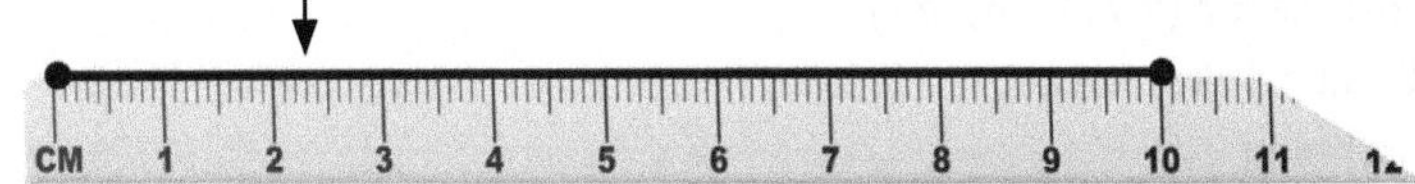

Zehn Zentimeter auf dem Lineal sind so lang wie **ein** Dezimeter.

Das ist **ein** Meter. Man kann auch schreiben: **1** m.

Zehn Dezimeter sind so lang wie **ein** Meter.

Zur Wiederholung:
Ein Zentimeter hat 10 Millimeter.
Ein Dezimeter hat 10 Zentimeter.
Ein Meter hat 10 Dezimeter = 100 Zentimeter = 1000 Millimeter.

Seite 39 Aufgabe 1:

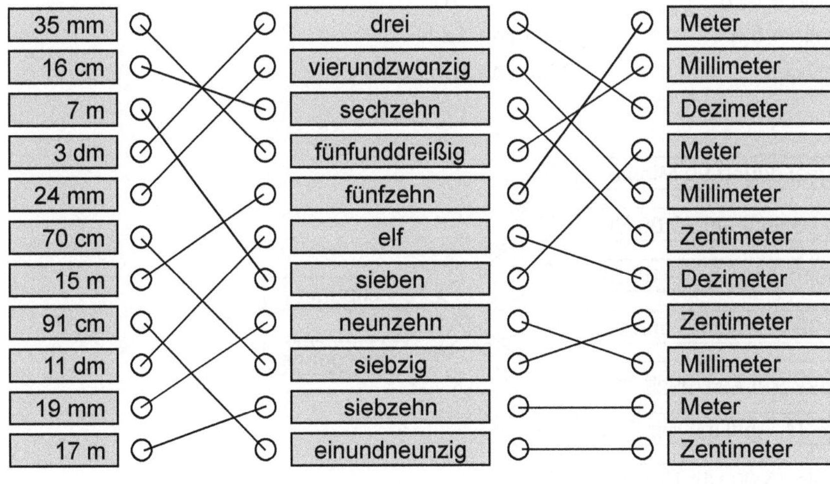

Mathe-Basics ... für Asylbewerber – Bestell-Nr. 12 210
KOHL VERLAG

10 Die Lösungen

Seite 39 Aufgabe 2:

„sieben Komma fünf Zentimeter“ = 7,5 cm = 7 cm + 5 mm
„drei Komma zwei Meter“ = 3,2 m = 3 m + 2 dm
„acht Komma acht Zentimeter“ = 8,8 cm = 8 cm + 8 mm
„null Komma fünf Meter“ = 0,5 m = 0 m + 5 dm
„eins Komma drei Dezimeter“ = 1,3 dm = 1 dm + 3 cm

Seite 39 Aufgabe 4:

mm		cm		dm
100	=	10	=	1
500	=	50	=	5
1200	=	120	=	12
200	=	20	=	2
900	=	90	=	9

mm		cm		dm
350	=	35	=	3,5
850	=	85	=	8,5
440	=	44	=	4,4
180	=	18	=	1,8
660	=	66	=	6,6

Seite 40 Aufgabe 1:

Die Strecke AB ist vier Zentimeter (= 4 cm) lang.
Die Strecke BC ist zwei Komma fünf Zentimeter (= 2,5 cm) lang.
Die Strecke CD ist sieben Komma fünf Zentimeter (= 7,5 cm) lang.
Die Strecke DE ist zehn Zentimeter (= 10 cm = 1 dm) lang.
Die Strecke EF ist fünf Millimeter (= 5 mm) lang.
Die Strecke FG ist vier Komma drei Zentimeter (= 4,3 cm) lang.
Die Strecke GH ist sechs Zentimeter (= 6 cm) lang.
Die Strecke HI ist zwei Komma sieben Zentimeter (= 2,7 cm) lang.
Die Strecke XY ist elf Komma fünf Zentimeter (= 11,5 cm) lang.

Seite 41 Aufgabe 1:

2 min = 120 s
5 min = 300 s
10 min = 600 s

30 min = 1800 s
60 min = 3600 s
3 min 15 s = 195 s

1 min 25 s = 85 s
10 min 10 s = 610 s
15 min 52 s = 952 s

Seite 41 Aufgabe 2:

240 s = 4 min
600 s = 10 min
2 h = 120 min

180 s = 3 min
5 h = 300 min
3600 s = 60 min

540 s = 9 min
250 s = 4 min 10 s
6 h = 360 min

Seite 41 Aufgabe 3:

420 min = 7 h
180 min = 3 h
3 d = 72 h

600 min = 10 h
360 min = 6 h
5 d = 120 h

7200 s = 2 h
720 min = 12 h
200 min = 3 h 20 min

Seite 42 Aufgabe 1:

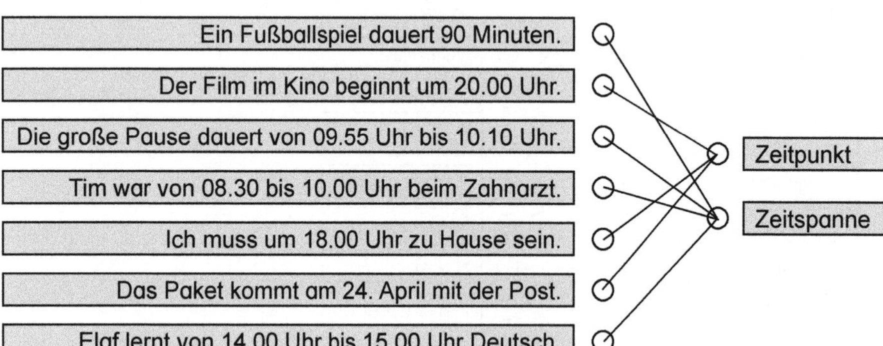

KOHL VERLAG Mathe-Basics ... für Asylbewerber – Bestell-Nr. 12 210

10 Die Lösungen

Seite 42 Aufgabe 2:

14.40 Uhr – 15.35 Uhr → 14.40 Uhr - 15.00 Uhr = 20 min + 35 min = **55 min**
15.05 Uhr – 16.27 Uhr → 15.05 Uhr - 16.00 Uhr = 55 min + 27 min = 82 min = **1 h 22 min**
9.22 Uhr – 10.10 Uhr → 9.22 Uhr - 10.00 Uhr = 38 min + 10 min = **48 min**
19.36 Uhr – 20.05 Uhr → 19.36 Uhr - 20.00 Uhr = 24 min + 5 min = **29 min**
22.57 Uhr – 23.48 Uhr → 22.57 Uhr - 23.00 Uhr = 3 min + 48 min = **51 min**

Seite 42 Aufgabe 3:

Abfahrt	7.20 Uhr	16.25 Uhr	14.15 Uhr	2.20 Uhr	22.15 Uhr
Ankunft	8.12 Uhr	17.55 Uhr	17.00 Uhr	6.55 Uhr	01.00 Uhr
Fahrzeit	52 min	1 h 30 min	2 h 45 min	4 h 35 min	2 h 45 min

Seite 43 Aufgabe 1:

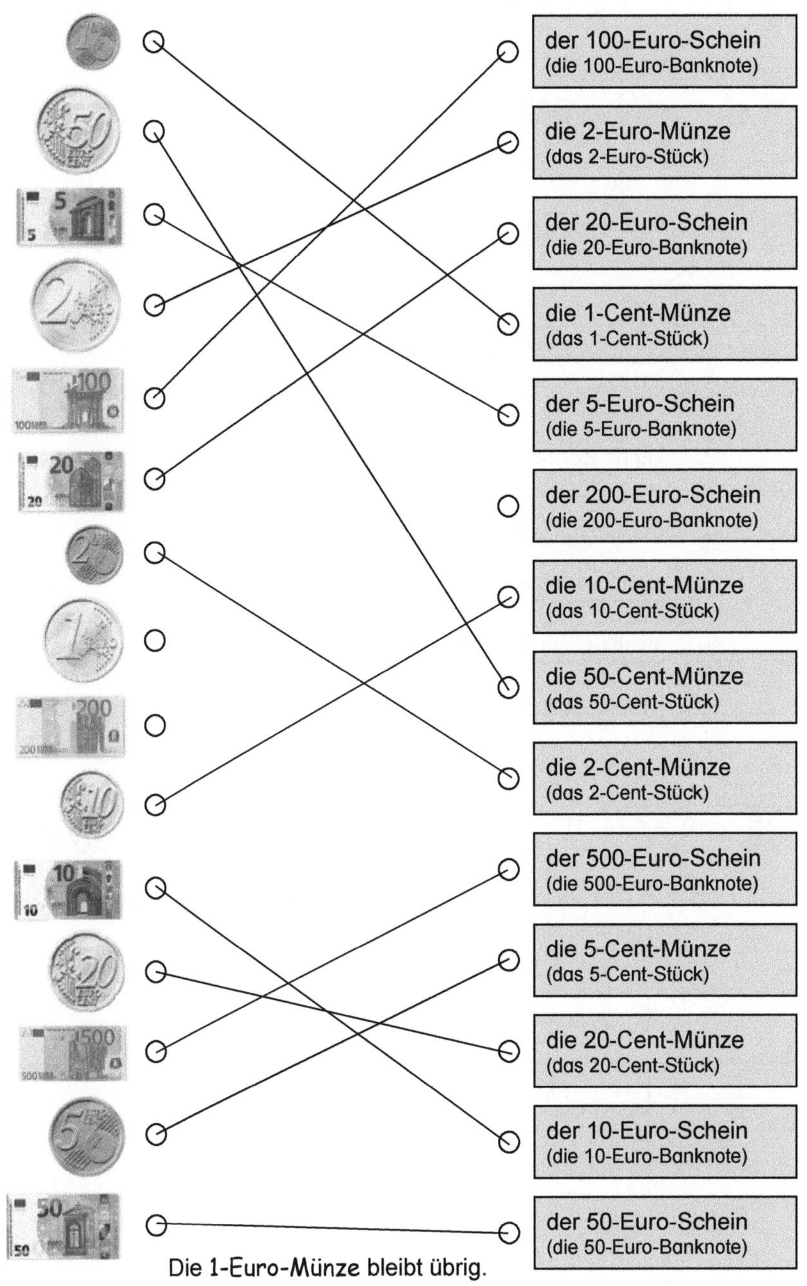

Die 1-Euro-Münze bleibt übrig.

Seite 44 Aufgabe 1:

200 ct = 2 €	95 ct = 0,95 €	5 ct = 0,05 €
50 ct = 0,50 €	710 ct = 7,10 €	203 ct = 2,03 €
3000 ct = 30 €	903 ct = 9,03 €	1000 ct = 10 €

KOHL VERLAG Mathe-Basics ... für Asylbewerber – Bestell-Nr. 12 210

10 Die Lösungen

Seite 44 Aufgabe 2:

a) Es sind 13,78 €
b) Es sind 5,35 €
c) Es sind 26,75 €
d) Es sind 9,99 €
e) Es sind 85,16 €
f) Es sind 4,47 €

Seite 44 Aufgabe 3:

715 ct < 7,50 €
0,42 € < 420 ct
1,50 € < 1500 ct
17,50 € > 15,70 €
99 ct = 0,99 €
0,05 € < 50 ct
2,25 € = 225 ct
32 € > 30,99 €
6,66 € > 660 ct

Seite 45 Aufgabe 1:

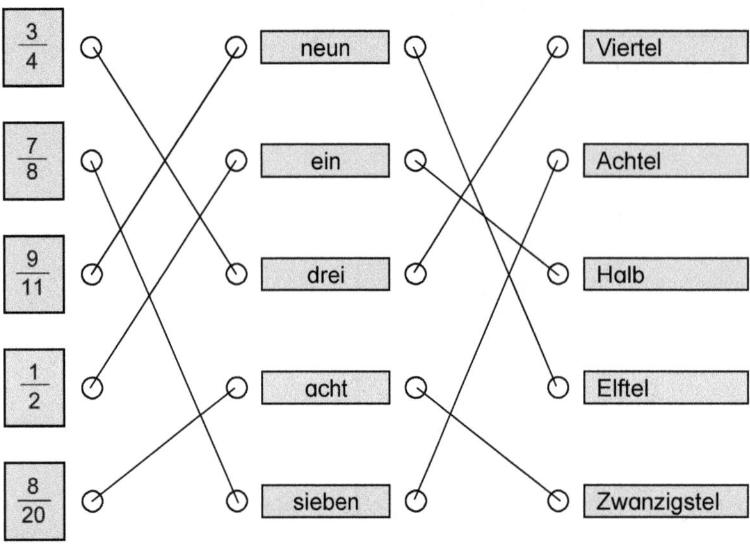

Seite 46 Aufgabe 1:

$\frac{3}{4}$ drei Viertel
$\frac{6}{4}$ sechs Viertel
$\frac{8}{13}$ acht Dreizehntel
$\frac{7}{9}$ sieben Neuntel
$\frac{1}{5}$ ein Fünftel
$\frac{6}{10}$ sechs Zehntel
$\frac{12}{20}$ zwölf Zwanzigstel
$\frac{4}{100}$ vier Einhundertstel
$\frac{20}{1000}$ zwanzig Eintausendstel
$\frac{9}{17}$ neun Siebzehntel

Seite 46 Aufgabe 2:

a) $\frac{5}{7}$ **b)** $\frac{81}{100}$ **c)** $\frac{1}{8}$ **d)** $\frac{25}{60}$ **e)** $\frac{9}{11}$ **f)** $\frac{19}{30}$ **g)** $\frac{2}{3}$ **h)** $\frac{17}{500}$ **i)** $\frac{6}{13}$ **j)** $\frac{95}{1000}$

Seite 46 Aufgabe 3:

Zähler	6	5	4	2
Nenner	8	6	10	5
Bruch	$\frac{6}{8}$	$\frac{5}{6}$	$\frac{4}{10}$	$\frac{2}{5}$
in Worten	sechs Achtel	fünf Sechstel	vier Zehntel	zwei Fünftel

Seite 47 Aufgabe 1:

a) $\frac{3}{8}$ **b)** $\frac{7}{15}$ **c)** $\frac{2}{5}$ **d)** $\frac{4}{6}$ **e)** $\frac{6}{16}$

KOHL VERLAG Mathe-Basics ... für Asylbewerber – Bestell-Nr. 12 210

10 Die Lösungen

Seite 47 Aufgabe 2:

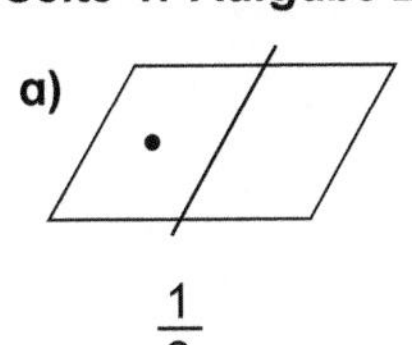

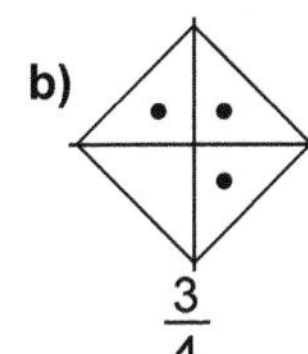

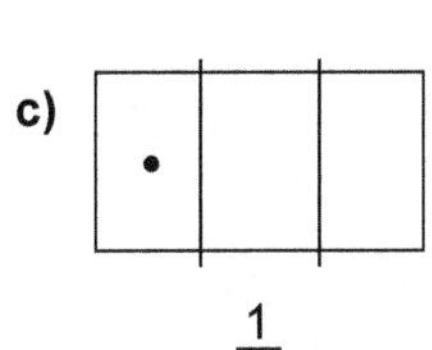

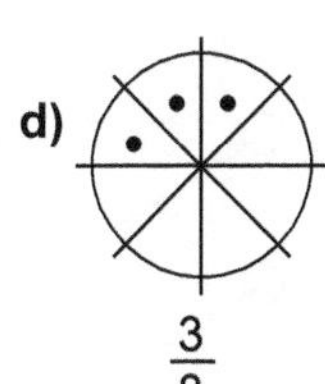

Seite 47 Aufgabe 3:

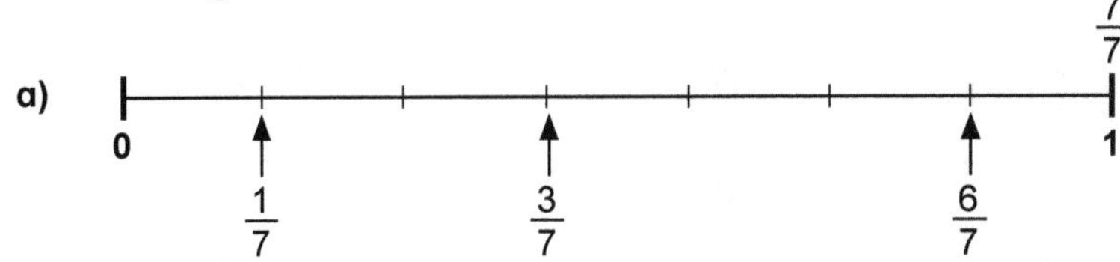

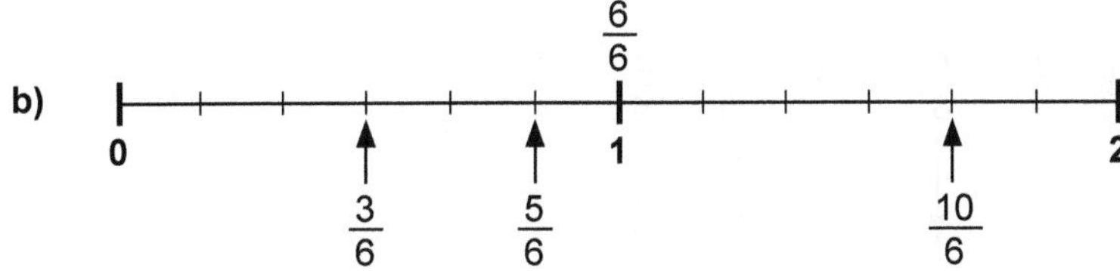

Seite 47 Aufgabe 4:

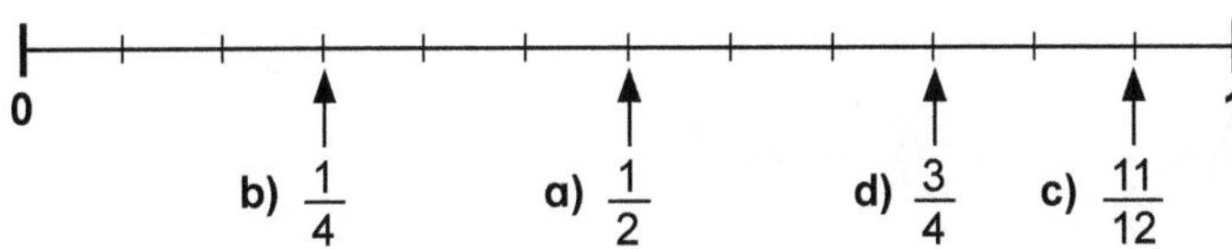

Seite 48 Aufgabe 1:

echter Bruch (Zähler ist **kleiner** als Nenner)	**unechter Bruch** (Zähler ist **größer** als Nenner)	**gemischte Zahl** (ganze Zahl + Bruch)
$\frac{5}{8}$ $\frac{1}{2}$ $\frac{10}{100}$ $\frac{499}{500}$	$\frac{8}{5}$ $\frac{20}{2}$ $\frac{24}{23}$ $\frac{100}{99}$	$4\frac{5}{7}$ $1\frac{9}{8}$ $18\frac{1}{4}$ $9\frac{19}{20}$

Seite 48 Aufgabe 2:

a) $\frac{18}{5} = 3\frac{3}{5}$ b) $\frac{37}{9} = 4\frac{1}{9}$ c) $\frac{55}{6} = 9\frac{1}{6}$ d) $\frac{100}{11} = 9\frac{1}{11}$

e) $\frac{23}{4} = 5\frac{3}{4}$ f) $\frac{13}{7} = 1\frac{6}{7}$ g) $\frac{217}{25} = 8\frac{17}{25}$ h) $\frac{367}{28} = 13\frac{3}{28}$

Seite 48 Aufgabe 3:

a) $1\frac{2}{3} = \frac{5}{3}$ b) $7\frac{1}{10} = \frac{71}{10}$ c) $6\frac{3}{5} = \frac{33}{5}$ d) $20\frac{7}{4} = \frac{87}{4}$

e) $5\frac{7}{8} = \frac{47}{8}$ f) $9\frac{4}{7} = \frac{67}{7}$ g) $4\frac{9}{8} = \frac{41}{8}$ h) $11\frac{10}{11} = \frac{131}{11}$

Seite 49 Aufgabe 1:

a) $\frac{3}{4} \xrightarrow[\cdot 4]{\cdot 4} \frac{12}{16}$ mit 4 b) $\frac{1}{10}$ mit 10: $\frac{10}{100}$ c) $\frac{4}{5}$ mit 6: $\frac{24}{30}$ d) $\frac{8}{100}$ mit 5: $\frac{40}{500}$

e) $\frac{5}{7}$ mit 2: $\frac{10}{14}$ f) $\frac{12}{9}$ mit 3: $\frac{36}{27}$ g) $\frac{24}{16}$ mit 8: $\frac{192}{128}$ h) $\frac{7}{11}$ mit 11: $\frac{77}{121}$

Seite 49 Aufgabe 2:

a) $\frac{2}{5} = \frac{6}{15}$ (• 3) b) $\frac{4}{9} = \frac{28}{63}$ (• 7) c) $\frac{7}{5} = \frac{35}{25}$ (• 5) d) $\frac{4}{5} = \frac{108}{135}$ (• 27)

e) $\frac{6}{3} = \frac{42}{21}$ (• 7) f) $\frac{5}{11} = \frac{55}{121}$ (• 11) g) $\frac{5}{8} = \frac{60}{96}$ (• 12) h) $\frac{19}{26} = \frac{57}{78}$ (• 3)

Mathe-Basics ... für Asylbewerber – Bestell-Nr. 12 210
KOHL VERLAG

10 Die Lösungen

Seite 49 Aufgabe 3:

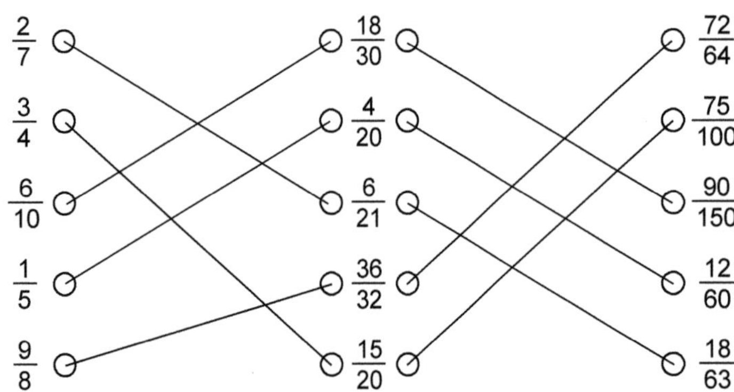

Seite 49 Aufgabe 4:

a) $\frac{2}{3} \rightarrow \frac{10}{15}$, $\frac{1}{5} \rightarrow \frac{3}{15}$ b) $\frac{1}{2} \rightarrow \frac{7}{14}$, $\frac{4}{7} \rightarrow \frac{8}{14}$ c) $\frac{3}{4} \rightarrow \frac{9}{12}$, $\frac{5}{6} \rightarrow \frac{10}{12}$ d) $\frac{3}{10} \rightarrow \frac{6}{20}$, $\frac{4}{5} \rightarrow \frac{16}{20}$, $\frac{1}{4} \rightarrow \frac{5}{20}$

Seite 50 Aufgabe 1:

a) $\frac{6}{9} \xrightarrow{:3} \frac{2}{3}$ (mit 3) b) $\frac{6}{10}$ mit 2: $\frac{3}{5}$ c) $\frac{45}{54}$ mit 9: $\frac{5}{6}$ d) $\frac{100}{125}$ mit 25: $\frac{4}{5}$

e) $\frac{20}{25}$ mit 5: $\frac{4}{5}$ f) $\frac{21}{14}$ mit 7: $\frac{3}{2}$ g) $\frac{52}{36}$ mit 4: $\frac{13}{9}$ h) $\frac{36}{48}$ mit 12: $\frac{3}{4}$

Seite 50 Aufgabe 2:

a) $\frac{50}{60} \overset{:?}{=} \frac{5}{6}$ → Kürzungszahl: 10 b) $\frac{19}{57} = \frac{1}{3}$ → Kürzungszahl: 19

c) $\frac{27}{45} = \frac{3}{5}$ → Kürzungszahl: 9 d) $\frac{100}{40} = \frac{5}{2}$ → Kürzungszahl: 20

e) $\frac{44}{77} = \frac{4}{7}$ → Kürzungszahl: 11 f) $\frac{52}{76} = \frac{13}{19}$ → Kürzungszahl: 4

Seite 50 Aufgabe 3:

a) $\frac{8}{36} = \frac{2}{9}$ (gekürzt mit 4) b) $\frac{140}{1000} = \frac{7}{50}$ (gekürzt mit 20) c) $\frac{81}{189} = \frac{3}{7}$ (gekürzt mit 27)

d) $\frac{21}{28} = \frac{3}{4}$ (gekürzt mit 7) e) $\frac{96}{112} = \frac{6}{7}$ (gekürzt mit 16) f) $\frac{400}{625} = \frac{16}{25}$ (gekürzt mit 25)

Seite 50 Aufgabe 4:

a) $\frac{16}{24}$, ~~$\frac{4}{8}$~~, $\frac{2}{3}$

b) $\frac{3}{10}$, $\frac{6}{20}$, ~~$\frac{1}{10}$~~

c) ~~$\frac{13}{3}$~~, $\frac{54}{12}$, $4\frac{1}{2}$

d) $\frac{35}{45}$, $\frac{77}{99}$, ~~$\frac{11}{13}$~~

e) ~~$1\frac{1}{2}$~~, $\frac{6}{3}$, $\frac{30}{15}$

f) ~~$\frac{16}{18}$~~, $\frac{4}{9}$, $\frac{24}{54}$

g) $\frac{1}{8}$, $\frac{125}{1000}$, ~~$\frac{320}{400}$~~

KOHL VERLAG Mathe-Basics ... für Asylbewerber – Bestell-Nr. 12 210

10 Die Lösungen

Seite 51 Aufgabe 1:

$\frac{2}{3}$ ist größer als $\frac{1}{3}$ $\qquad$ $\frac{3}{5}$ ist kleiner als $\frac{4}{5}$

$\frac{1}{6}$ ist kleiner als $\frac{1}{5}$ $\qquad$ $\frac{1}{2}$ ist größer als $\frac{1}{3}$

$\frac{11}{12}$ ist größer als $\frac{9}{12}$ $\qquad$ $\frac{5}{10}$ ist kleiner als $\frac{7}{10}$

$\frac{6}{9}$ ist größer als $\frac{1}{2}$ $\qquad$ $\frac{5}{8}$ ist gleich als $\frac{5}{8}$

Seite 51 Aufgabe 2:

	richtig	falsch
$\frac{3}{8} < \frac{6}{8}$	X	
$\frac{4}{5} < \frac{4}{6}$		X
$\frac{17}{31} > \frac{13}{31}$	X	
$\frac{4}{7} > \frac{4}{3}$		X

	richtig	falsch
$\frac{10}{12} < \frac{12}{10}$	X	
$\frac{1}{2} > \frac{1}{3}$	X	
$\frac{3}{4} < \frac{12}{6}$	X	
$\frac{7}{10} > \frac{7}{20}$	X	

	richtig	falsch
$\frac{26}{28} > \frac{6}{9}$	X	
$\frac{1}{3} < \frac{7}{21}$		X
$\frac{3}{5} < \frac{8}{10}$	X	
$\frac{6}{18} < \frac{4}{9}$	X	

Seite 52 Aufgabe 1:

$\frac{2}{7} + \frac{3}{7} = \frac{5}{7}$ $\qquad$ $\frac{4}{10} + \frac{3}{10} = \frac{7}{10}$ $\qquad$ $\frac{1}{5} + \frac{1}{5} = \frac{2}{5}$ $\qquad$ $\frac{6}{13} + \frac{8}{13} = \frac{14}{13} = 1\frac{1}{13}$ $\qquad$ $\frac{5}{8} + \frac{2}{8} = \frac{7}{8}$

Seite 52 Aufgabe 2:

$\frac{1}{2}$ und $\frac{2}{5}$ werden erweitert zu $\frac{5}{10}$ ($\cdot 5$) und $\frac{4}{10}$ ($\cdot 2$) $\qquad$ $\frac{5}{9}$ und $\frac{4}{6}$ werden erweitert zu $\frac{10}{18}$ ($\cdot 2$) und $\frac{12}{18}$ ($\cdot 3$)

$\frac{3}{4}$ und $\frac{2}{3}$ werden erweitert zu $\frac{9}{12}$ und $\frac{8}{12}$ $\qquad$ $\frac{3}{5}$ und $\frac{5}{7}$ werden erweitert zu $\frac{21}{35}$ und $\frac{25}{35}$

Seite 52 Aufgabe 3:

$\frac{2}{3} + \frac{3}{4} = \frac{8}{12} + \frac{9}{12} = \frac{17}{12} = 1\frac{5}{12}$ $\qquad$ $\frac{7}{12} + \frac{3}{8} = \frac{14}{24} + \frac{9}{24} = \frac{23}{24}$

$\frac{4}{5} + \frac{1}{2} = \frac{8}{10} + \frac{5}{10} = \frac{13}{10} = 1\frac{3}{10}$ $\qquad$ $\frac{5}{9} + \frac{11}{27} = \frac{15}{27} + \frac{11}{27} = \frac{26}{27}$

$\frac{3}{8} + \frac{5}{6} = \frac{9}{24} + \frac{20}{24} = \frac{29}{24} = 1\frac{5}{24}$ $\qquad$ $\frac{4}{15} + \frac{10}{30} = \frac{8}{30} + \frac{10}{30} = \frac{18}{30} = \frac{3}{5}$

$\frac{4}{10} + \frac{2}{5} = \frac{4}{10} + \frac{4}{10} = \frac{8}{10} = \frac{4}{5}$ $\qquad$ $\frac{3}{8} + \frac{6}{10} = \frac{15}{40} + \frac{24}{40} = \frac{39}{40}$

Seite 53 Aufgabe 1:

$\frac{3}{4} - \frac{1}{4} = \frac{2}{4} = \frac{1}{2}$ $\qquad$ $\frac{5}{7} - \frac{2}{7} = \frac{3}{7}$ $\qquad$ $\frac{9}{11} - \frac{7}{11} = \frac{2}{11}$ $\qquad$ $\frac{4}{9} - \frac{3}{9} = \frac{1}{9}$ $\qquad$ $\frac{16}{24} - \frac{11}{24} = \frac{5}{24}$

Seite 53 Aufgabe 2:

$\frac{1}{2} - \frac{1}{4} = \frac{2}{4} - \frac{1}{4} = \frac{1}{4}$ $\qquad$ $\frac{1}{5} - \frac{1}{15} = \frac{3}{15} - \frac{1}{15} = \frac{2}{15}$ $\qquad$ $\frac{7}{10} - \frac{3}{5} = \frac{7}{10} - \frac{6}{10} = \frac{1}{10}$

$\frac{1}{3} - \frac{1}{6} = \frac{2}{6} - \frac{1}{6} = \frac{1}{6}$ $\qquad$ $\frac{1}{2} - \frac{1}{6} = \frac{3}{6} - \frac{1}{6} = \frac{2}{6}$ $\qquad$ $\frac{5}{8} - \frac{1}{2} = \frac{5}{8} - \frac{4}{8} = \frac{1}{8}$

$\frac{1}{6} - \frac{1}{12} = \frac{2}{12} - \frac{1}{12} = \frac{1}{12}$ $\qquad$ $\frac{2}{3} - \frac{4}{9} = \frac{6}{9} - \frac{4}{9} = \frac{2}{9}$ $\qquad$ $\frac{3}{4} - \frac{5}{8} = \frac{6}{8} - \frac{5}{8} = \frac{1}{8}$

10 Die Lösungen

Seite 53 Aufgabe 3:

a)

$+$	$\frac{2}{5}$	$\frac{3}{9}$	$\frac{5}{6}$	$\frac{3}{4}$
$\frac{1}{4}$	$\mathbf{\frac{13}{20}}$	$\mathbf{\frac{7}{12}}$	$\mathbf{1\frac{1}{12}}$	$\mathbf{1}$
$\frac{5}{9}$	$\mathbf{\frac{43}{45}}$	$\mathbf{\frac{8}{9}}$	$\mathbf{1\frac{7}{18}}$	$\mathbf{1\frac{11}{36}}$
$\frac{10}{12}$	$\mathbf{1\frac{7}{30}}$	$\mathbf{1\frac{1}{6}}$	$\mathbf{1\frac{2}{3}}$	$\mathbf{1\frac{7}{12}}$
$\frac{2}{3}$	$\mathbf{1\frac{1}{15}}$	$\mathbf{1}$	$\mathbf{1\frac{1}{2}}$	$\mathbf{1\frac{5}{12}}$

b)

$-$	$\frac{2}{5}$	$\frac{3}{10}$	$\frac{1}{3}$	$\frac{1}{4}$
$\frac{2}{3}$	$\mathbf{\frac{4}{15}}$	$\mathbf{\frac{11}{30}}$	$\mathbf{\frac{1}{3}}$	$\mathbf{\frac{5}{12}}$
$\frac{5}{7}$	$\mathbf{\frac{11}{35}}$	$\mathbf{\frac{29}{70}}$	$\mathbf{\frac{8}{21}}$	$\mathbf{\frac{13}{28}}$
$\frac{1}{2}$	$\mathbf{\frac{1}{10}}$	$\mathbf{\frac{1}{5}}$	$\mathbf{\frac{1}{6}}$	$\mathbf{\frac{1}{4}}$
$\frac{6}{8}$	$\mathbf{\frac{7}{20}}$	$\mathbf{\frac{9}{20}}$	$\mathbf{\frac{5}{12}}$	$\mathbf{\frac{1}{2}}$

Seite 54 Aufgabe 1:

$\frac{1}{\mathbf{4}} \cdot \frac{\mathbf{4}}{5}$ → ich kürze mit **4** und rechne: $\frac{1 \cdot \cancel{4}}{\underset{1}{\cancel{4}} \cdot 5}$ also: $\frac{1 \cdot 1}{1 \cdot 5} = \mathbf{\frac{1}{5}}$

$\frac{3}{\mathbf{8}} \cdot \frac{\mathbf{2}}{7}$ → ich kürze mit **2** und rechne: $\frac{3 \cdot \cancel{2}}{\cancel{8} \cdot 7}$ also: $\frac{3 \cdot 1}{4 \cdot 7} = \mathbf{\frac{3}{28}}$

$\frac{5}{6} \cdot \frac{3}{10}$ → ich kürze mit **5** und mit **3** und rechne: $\frac{\cancel{5} \cdot \cancel{3}}{\cancel{6} \cdot \cancel{10}}$ also: $\frac{1 \cdot 1}{2 \cdot 2} = \mathbf{\frac{1}{4}}$

$\frac{7}{22} \cdot \frac{11}{21}$ → ich kürze mit **7** und mit **11** und rechne: $\frac{\cancel{7} \cdot \cancel{11}}{\cancel{22} \cdot \cancel{21}}$ also: $\frac{1 \cdot 1}{2 \cdot 3} = \mathbf{\frac{1}{6}}$

Seite 54 Aufgabe 2:

$\frac{8}{3} \cdot \frac{3}{4} = \frac{\overset{2}{\cancel{8}} \cdot \overset{1}{\cancel{3}}}{\underset{1}{\cancel{3}} \cdot \underset{1}{\cancel{4}}} = \frac{2}{1} = \mathbf{2}$ $\quad \frac{6}{20} \cdot \frac{10}{12} = \frac{\overset{1}{\cancel{6}} \cdot \overset{1}{\cancel{10}}}{\underset{2}{\cancel{20}} \cdot \underset{2}{\cancel{12}}} = \mathbf{\frac{1}{4}}$ $\quad \frac{3}{4} \cdot \frac{6}{9} = \frac{\overset{1}{\cancel{3}} \cdot \overset{3}{\cancel{6}}}{\underset{2}{\cancel{4}} \cdot \underset{3}{\cancel{9}}} = \frac{3}{6} = \mathbf{\frac{1}{2}}$ $\quad \frac{3}{7} \cdot \frac{2}{5} = \frac{3 \cdot 2}{7 \cdot 5} = \mathbf{\frac{6}{35}}$

$\frac{4}{5} \cdot \frac{1}{8} = \frac{\overset{1}{\cancel{4}} \cdot 1}{5 \cdot \underset{2}{\cancel{8}}} = \mathbf{\frac{1}{10}}$ $\quad \frac{2}{33} \cdot \frac{11}{7} = \frac{2 \cdot \overset{1}{\cancel{11}}}{\underset{3}{\cancel{33}} \cdot 7} = \mathbf{\frac{2}{21}}$ $\quad \frac{5}{4} \cdot \frac{3}{6} = \frac{5 \cdot \overset{1}{\cancel{3}}}{4 \cdot \underset{2}{\cancel{6}}} = \mathbf{\frac{5}{8}}$ $\quad \frac{25}{8} \cdot \frac{4}{5} = \frac{\overset{5}{\cancel{25}} \cdot \overset{1}{\cancel{4}}}{\underset{2}{\cancel{8}} \cdot \underset{1}{\cancel{5}}} = \mathbf{\frac{5}{2}}$

$\frac{1}{2} \cdot \frac{1}{8} = \frac{1 \cdot 1}{2 \cdot 8} = \mathbf{\frac{1}{16}}$ $\quad \frac{5}{14} \cdot \frac{15}{4} = \frac{5 \cdot 15}{14 \cdot 4} = \mathbf{\frac{75}{56}}$ $\quad \frac{1}{3} \cdot \frac{1}{4} = \frac{1 \cdot 1}{3 \cdot 4} = \mathbf{\frac{1}{12}}$ $\quad \frac{3}{3} \cdot \frac{5}{12} = \frac{\overset{1}{\cancel{3}} \cdot 5}{\underset{1}{\cancel{3}} \cdot 12} = \mathbf{\frac{5}{12}}$

Seite 54 Aufgabe 3:

$3 \cdot \frac{4}{5} = \frac{3 \cdot 4}{5} = \frac{12}{5} = \mathbf{2\frac{2}{5}}$ $\quad 4 \cdot \frac{3}{4} = \frac{\overset{1}{\cancel{4}} \cdot 3}{\underset{1}{\cancel{4}}} = \frac{3}{1} = \mathbf{3}$ $\quad 9 \cdot \frac{5}{18} = \frac{\overset{1}{\cancel{9}} \cdot 5}{\underset{2}{\cancel{18}}} = \mathbf{\frac{5}{2}}$

$5 \cdot \frac{1}{8} = \frac{5 \cdot 1}{8} = \mathbf{\frac{5}{8}}$ $\quad 7 \cdot \frac{2}{7} = \frac{\overset{1}{\cancel{7}} \cdot 2}{\underset{1}{\cancel{7}}} = \frac{2}{1} = \mathbf{2}$ $\quad 6 \cdot \frac{11}{36} = \frac{\overset{1}{\cancel{6}} \cdot 11}{\underset{6}{\cancel{36}}} = \frac{11}{6} = \mathbf{1\frac{5}{6}}$

Seite 55 Aufgabe 1:

$\frac{3}{4}$: Der Kehrwert von $\frac{3}{4}$ ist $\mathbf{\frac{4}{3}}$. $\quad \frac{11}{8}$: Der Kehrwert von $\frac{11}{8}$ ist $\mathbf{\frac{8}{11}}$.

$\frac{2}{3}$: Der Kehrwert von $\frac{2}{3}$ ist $\mathbf{\frac{3}{2}}$. $\quad \frac{5}{7}$: Der Kehrwert von $\frac{5}{7}$ ist $\mathbf{\frac{7}{5}}$.

Seite 55 Aufgabe 2:

$\frac{7}{10} : \frac{4}{5} = \frac{7}{10} \cdot \frac{5}{4} = \frac{7 \cdot \overset{1}{\cancel{5}}}{\underset{2}{\cancel{10}} \cdot 4} = \mathbf{\frac{7}{8}}$ $\quad \frac{2}{5} : \frac{9}{10} = \frac{2}{5} \cdot \frac{10}{9} = \frac{2 \cdot \overset{2}{\cancel{10}}}{\underset{1}{\cancel{5}} \cdot 9} = \mathbf{\frac{4}{9}}$

$\frac{5}{6} : \frac{1}{3} = \frac{5}{6} \cdot \frac{3}{1} = \frac{5 \cdot \overset{1}{\cancel{3}}}{\underset{2}{\cancel{6}} \cdot 1} = \frac{5}{2} = \mathbf{2\frac{1}{2}}$ $\quad \frac{14}{3} : \frac{2}{7} = \frac{14}{3} \cdot \frac{7}{2} = \frac{3 \cdot \overset{1}{\cancel{7}}}{\underset{2}{\cancel{14}} \cdot 2} = \mathbf{\frac{3}{4}}$

$\frac{6}{20} : \frac{3}{10} = \frac{6}{20} \cdot \frac{10}{3} = \frac{\overset{2}{\cancel{6}} \cdot \overset{1}{\cancel{10}}}{\underset{2}{\cancel{20}} \cdot \underset{1}{\cancel{3}}} = \frac{2}{2} = \mathbf{1}$ $\quad 2\frac{1}{5} : \frac{1}{5} = \frac{11}{5} \cdot \frac{5}{1} = \frac{11 \cdot \cancel{5}}{\cancel{5} \cdot 1} = \frac{11}{1} = \mathbf{11}$

$\frac{1}{4} : \frac{7}{8} = \frac{1}{4} \cdot \frac{8}{7} = \frac{1 \cdot \overset{2}{\cancel{8}}}{\underset{1}{\cancel{4}} \cdot 7} = \mathbf{\frac{2}{7}}$ $\quad 1\frac{1}{8} : \frac{3}{4} = \frac{9}{8} \cdot \frac{4}{3} = \frac{\overset{3}{\cancel{9}} \cdot \overset{1}{\cancel{4}}}{\underset{2}{\cancel{8}} \cdot \underset{1}{\cancel{3}}} = \frac{3}{2} = \mathbf{1\frac{1}{2}}$

KOHL VERLAG
Mathe-Basics ... für Asylbewerber – Bestell-Nr. 12 210

10 Die Lösungen

Seite 55 Aufgabe 3:

$\frac{4}{20} : 8 = \frac{4}{20} : \frac{8}{1} = \frac{\overset{1}{\cancel{4}}}{20} \cdot \frac{1}{\underset{2}{\cancel{8}}} = \mathbf{\frac{1}{40}}$

$2\frac{1}{4} : 9 = \frac{9}{4} : \frac{9}{1} = \frac{\cancel{9}}{4} \cdot \frac{1}{\cancel{9}} = \mathbf{\frac{1}{4}}$

$\frac{27}{3} : 3 = \frac{27}{3} : \frac{3}{1} = \frac{\overset{9}{\cancel{27}}}{3} \cdot \frac{1}{\underset{1}{\cancel{3}}} = \frac{9}{3} = \mathbf{3}$

$\frac{30}{80} : 5 = \frac{30}{80} : \frac{5}{1} = \frac{\overset{3}{\cancel{30}}}{\underset{8}{\cancel{80}}} \cdot \frac{1}{5} = \mathbf{\frac{3}{40}}$

Seite 56 Aufgabe 2:

Bruch	Bruch **in Worten**	Dezimalbruch	Dezimalbruch **in Worten**
$1\frac{17}{100}$	eins siebzehn Hundertstel	1,17	eins Komma eins sieben
$2\frac{5}{10}$	zwei fünf Zehntel	2,5	zwei Komma fünf
$\frac{29}{100}$	neunundzwanzig Hundertstel	0,29	null Komma zwei neun
$\frac{8}{10}$	acht Zehntel	0,8	null Komma acht
$\frac{3}{1000}$	drei Tausendstel	0,003	null Komma null null drei
$5\frac{55}{100}$	fünf fünfundfünfzig Hundertstel	5,55	fünf Komma fünf fünf
$\frac{14}{10}$	vierzehn Zehntel	0,14	null Komma eins vier
$10\frac{3}{100}$	zehn drei Hundertstel	10,03	zehn Komma null drei
$\frac{75}{1000}$	fünfundsiebzig Tausendstel	0,075	null Komma null sieben fünf

Seite 57 Aufgabe 1:

$\frac{6}{10}$ = 0,6 $5\frac{17}{100}$ = 5,17 $\frac{21}{1000}$ = 0,021

$2\frac{1}{10}$ = 2,1 $35\frac{3}{4}$ = 35,75 $\frac{1}{8}$ = 0,125

$\frac{2}{5}$ = 0,4 $9\frac{4}{100}$ = 9,04 $10\frac{1}{1000}$ = 10,001

$\frac{43}{100}$ = 0,43 $\frac{1}{4}$ = 0,25 $\frac{95}{500}$ = $\frac{190}{1000}$ = 0,19

$19\frac{9}{10}$ = 19,9 $69\frac{96}{100}$ = 69,96 $486\frac{846}{1000}$ = 486,846

Seite 57 Aufgabe 2:

0,9 = $\frac{9}{10}$ 1,5 = $1\frac{5}{10}$ 0,050 = $\frac{5}{100}$

0,25 = $\frac{25}{100}$ 3,29 = $3\frac{29}{100}$ 1,007 = $1\frac{7}{1000}$

0,06 = $\frac{6}{100}$ 0,012 = $\frac{12}{1000}$ 0,82 = $\frac{82}{100}$

0,003 = $\frac{3}{1000}$ 12,4 = $12\frac{4}{10}$ 0,5 = $\frac{5}{10} = \frac{1}{2}$

0,925 = $\frac{925}{1000}$ 10,005 = $10\frac{5}{1000}$ 0,500 = $\frac{5}{10} = \frac{1}{2}$

Seite 57 Aufgabe 3:

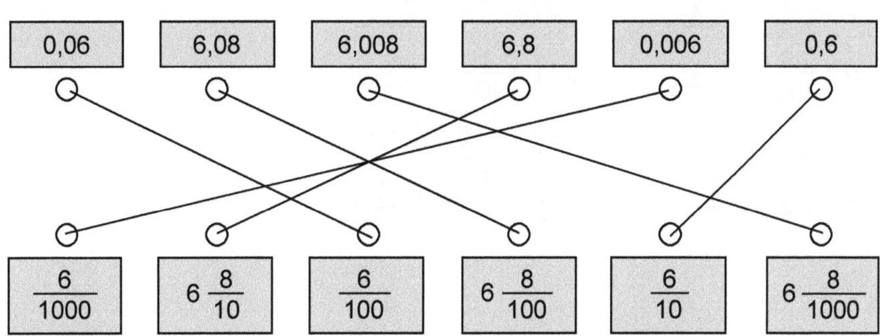

KOHL VERLAG
Mathe-Basics ... für Asylbewerber – Bestell-Nr. 12 210

10 Die Lösungen

Seite 58 Aufgabe 1:

1,3 + 2,4 = **3,7** 7,9 - 4,5 = **3,4** 2,8 • 4 = **11,2** 0,8 : 2 = **0,4**
5,7 + 3,3 = **9,0** 9,5 - 3,6 = **5,9** 5 • 1,5 = **7,5** 4,9 : 7 = **0,7**
0,8 + 0,9 = **1,7** 5,2 - 2,8 = **2,4** 0,9 • 7 = **6,3** 3,5 : 5 = **0,7**
4,6 + 7,5 = **12,1** 6,3 - 5,7 = **0,6** 8 • 4,6 = **36,8** 6,3 : 9 = **0,7**

Seite 58 Aufgabe 2:

		5,	2	8	0
+		5,	7	4	9
	1	1	1		
	1	1,	0	2	9

	1	0	8,	0	5	5
		4	9,	4	0	0
+		1	6,	5	1	4
		2				
	1	7	3,	9	6	9

	1	6,	2	0	0
-		3,	4	5	2
		1	1	1	
	1	2,	7	4	8

	7	0	5,	4	0	0
-	1	3	0,	9	6	5
	1		1	1	1	
	5	7	4,	4	3	5

Seite 58 Aufgabe 3:

1,	2	5	•	3,	4	8
		3	7	5	0	0
			5	0	0	0
			1	0	0	0
		4,	3	5	0	0

6	7,	8	•	4,	9	2
	2	7	1	2	0	0
		6	1	0	2	0
	1		1	3	5	6
	3	3	3,	5	7	6

9	5,	0	8	1	•	6,	7
	5	7	0	4	8	6	0
		6	6	5	5	6	7
	1		1	1	1		
	6	3	7,	0	4	2	7

Seite 58 Aufgabe 4:

16,38 : 2,1 = 7,8

	1	6	3,	8	:	2	1	=	7,	8
-	1	4	7							
		1	6	8						
	-	1	6	8						
				0						

0,0195 : 0,006 = 3,25

	1	9,	5	:	6	=	3,	2	5
-	1	8							
		1	5						
	-	1	2						
			3	0					
		-	3	0					
				0					

Seite 59 Aufgabe 1:

a) $\frac{25}{100}$ = 0,25 = **25 %** **b)** $\frac{60}{100}$ = 0,60 = **60 %** **c)** $\frac{10}{100}$ = 0,10 = **10 %** **d)** $\frac{77}{100}$ = 0,77 = **77 %**

e) $\frac{61}{100}$ = 0,61 = **61 %** **f)** $\frac{8}{100}$ = 0,08 = **8 %** **g)** $\frac{50}{100}$ = 0,50 = **50 %** **h)** $\frac{2}{100}$ = 0,02 = **2 %**

Seite 59 Aufgabe 2:

Bruch	$\frac{40}{100}$	$\frac{90}{100}$	$\frac{55}{100}$	$\frac{30}{100}$	$\frac{5}{100}$	$\frac{17}{100}$	$\frac{4}{100}$	$\frac{10}{100}$	$\frac{1}{100}$
Dezimalbruch	0,40	0,90	0,55	0,30	0,05	0,17	0,04	0,10	0,01
Prozentsatz	40 %	90 %	55 %	30 %	5 %	17 %	4 %	10 %	1 %

Seite 60 Aufgabe 1:

0,85 = $\frac{85}{100}$ = 85 % 0,22 = $\frac{22}{100}$ = 22 % 0,47 = $\frac{47}{100}$ = 47 %

0,35 = $\frac{35}{100}$ = 35 % 0,99 = $\frac{99}{100}$ = 99 % 0,11 = $\frac{11}{100}$ = 11 %

0,15 = $\frac{15}{100}$ = 15 % 0,07 = $\frac{7}{100}$ = 7 % 1,00 = $\frac{100}{100}$ = 100 %

0,05 = $\frac{5}{100}$ = 5 % 0,01 = $\frac{1}{100}$ = 1 % 0,62 = $\frac{62}{100}$ = 62 %

Mathe-Basics ... für Asylbewerber – Bestell-Nr. 12 210
KOHL VERLAG Lernen mit Erfolg

10 Die Lösungen

Seite 60 Aufgabe 2:

$\frac{70}{100} = 70\ \%$	$\frac{19}{100} = 19\ \%$	$\frac{38}{100} = 38\ \%$	$\frac{400}{100} = 400\ \%$
$\frac{50}{100} = 50\ \%$	$\frac{80}{100} = 80\ \%$	$\frac{150}{100} = 150\ \%$	$\frac{20}{100} = 20\ \%$
$\frac{17}{100} = 17\ \%$	$\frac{1}{100} = 1\ \%$	$\frac{15}{100} = 15\ \%$	$\frac{700}{100} = 700\ \%$
$\frac{2}{100} = 2\ \%$	$\frac{10}{100} = 10\ \%$	$\frac{9}{100} = 9\ \%$	$\frac{75}{100} = 75\ \%$

Seite 60 Aufgabe 3:

$\frac{2}{25} \overset{\cdot 4}{\underset{\cdot 4}{=}} \frac{8}{100} = 8\ \%$	$\frac{4}{10} = \frac{40}{100} = 40\ \%$	$\frac{1}{4} = \frac{25}{100} = 25\ \%$
$\frac{4}{20} = \frac{20}{100} = 20\ \%$	$\frac{1}{2} = \frac{50}{100} = 50\ \%$	$\frac{8}{20} = \frac{40}{100} = 40\ \%$
$\frac{9}{50} = \frac{18}{100} = 18\ \%$	$\frac{4}{25} = \frac{16}{100} = 16\ \%$	$\frac{3}{2} = \frac{150}{100} = 150\ \%$
$\frac{2}{25} = \frac{8}{100} = 8\ \%$	$\frac{44}{50} = \frac{88}{100} = 88\ \%$	$\frac{9}{10} = \frac{90}{100} = 90\ \%$

Seite 61 Aufgabe 1:

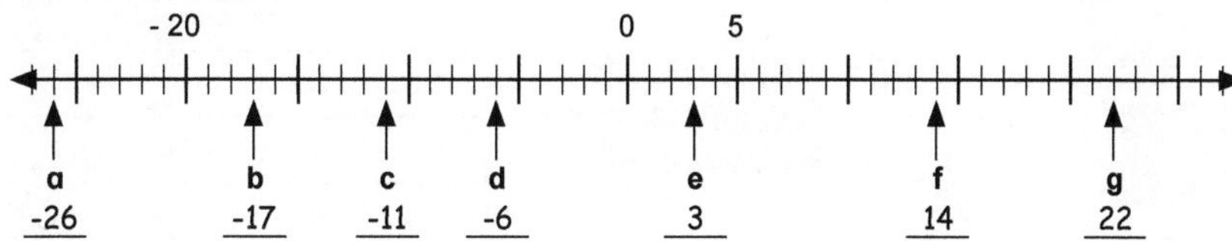

Seite 61 Aufgabe 2:

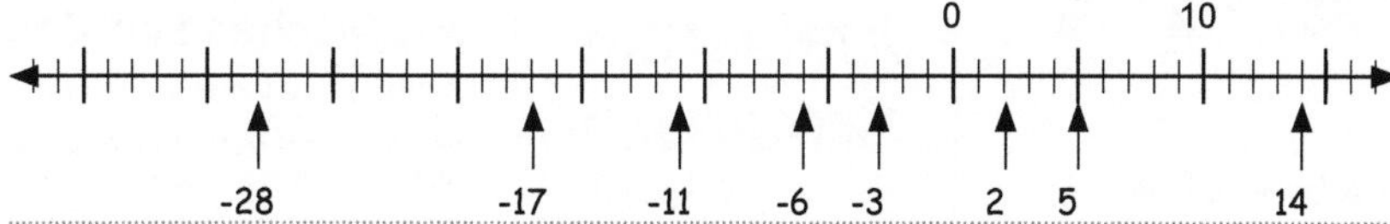

Seite 61 Aufgabe 3:

-6 und 4: **-5; -4; -3; -2; -1; 0; 1; 2; 3**

-2 und -8: **-7; -6; -5; -4; -3**

-26 und -35: **-34; -33; -32; -31; -30; -29; -28; -27**

Friedhelm Heitmann

DaZ-Spiele

... in 3 Niveaustufen

Das Erlernen der deutschen Sprache als Fremdsprache ist sehr anspruchsvoll. In dieser Reihe wird die deutsche Grammatik und Rechtschreibung in gesteigerten Niveaustufen in jeweils 34 Einheiten mit Lösungsvorschlägen präsentiert. Die Einheiten können sowohl einzeln als auch als motivierendes Spiel im Verbund eingesetzt werden. So macht Lernen Spaß. Der Titel ist ideal auch im Unterricht mit DaZ- und Regelschülern gemeinsam einsetzbar!

FÖ INK

2 3 4 5 6 7 8 9 10 11-13

je 80 Seiten

1	Grund-niveau	Buch	11 991	18,80 €
		PDF	P11 991	14,99 €
2	Mittleres Niveau	Buch	12 043	18,80 €
		PDF	P12 043	14,99 €
3	Erweitertes Niveau	Buch	12 044	18,80 €
		PDF	P12 044	14,99 €

Schullizenz (je Band) 60,- €

Eva Torp & Romana Leuzinger

Deutsch? *Einfach!*

Zur Verbesserung der Sprachkompetenz

Mit dieser Lernreihe wird die an sich schwierige deutsche Sprache plötzlich durchsichtig und genial einfach. Die Arbeitsblätter fördern aber auch sprachlich Schwächere mit der deutschen Sprache als Muttersprache! Die Kopiervorlagen sind motivierend und übersichtlich gestaltet, altersgerecht und witzig illustriert. So vertiefen sich die Jugendlichen mit viel Lust und Motivation in die Aufgaben. So erlernen sie mit Freude Grundkompetenzen, die ihnen im späteren Leben nützlich sein werden.

				Schullizenz (je Band)
Basisband *(64 S.)*	Buch	11 354	18,80 €	60,- €
	PDF	P11 354	14,99 €	
Verben *(92 S.)*	Buch	11 355	21,80 €	70,- €
	PDF	P11 355	17,49 €	
Nomen, Pronomen & Adjektive *(92 S.)*	Buch	11 356	21,80 €	70,- €
	PDF	P11 356	17,49 €	
Unveränderbare Wörter *(64 S.)*	Buch	11 357	18,80 €	60,- €
	PDF	P11 357	14,99 €	
Lernkontrollen *(80 Seiten)*	Buch	11 358	20,80 €	66,- €
	PDF	P11 358	16,49 €	

FÖ

4 5 6 7 8 9 10 11-13

Marisa Herzog

Qualipass Nomen, Verben, Adjektive

Der Band enthält zu jedem einzelnen Teilbereich eine umfassende Erklärung und die entsprechenden Regeln. Diese werden durch kurze Sachtexte, Anwendungen und ausführliche Übungen schülernah und verständlich vermittelt. Alle Arbeitsblätter dienen der Vertiefung und können als Einheit zum entsprechenden Teilbereich oder einzeln als Übung, Wiederholung oder zur gezielten Festigung eingesetzt werden. Mit Selbstbeurteilungsbögen und Lernzielkontrollen.

FÖ

3 4 5 6

je 72 Seiten

Nomen	Buch	11 334	17,80 €
	PDF	P11 334	14,49 €
Verben	Buch	11 335	17,80 €
	PDF	P11 335	14,49 €
Adjektive	Buch	11 336	17,80 €
	PDF	P11 336	14,49 €

Schullizenz (je Band) 58,- €

Horst Hartmann

DaZ für Erwachsene

Einfache Sprachszenen, Rollenspiele und entsprechendes Wortschatztraining mit wechselnden und motivierenden Methoden vermitteln jungen Erwachsenen die deutsche Sprache. Altersgemäße Themen in angewandten Situationen wie z.B. Behörde, Einkaufen, beim Arzt, Büro, Diskothek, Freizeit, nach dem Weg fragen, Notarzt verständigen, Flirten, Kochen, auf dem Weg zum Arbeitsplatz, Beruf, Radfahren, Auto, Ärger mit ..., Spaß bei .... etc. sorgen für eine problemlose Verständigung in Situationen des täglichen Lebens.

FÖ

9 10 11-13

je 32 Seiten

Band 1	Buch	11 888	13,80 €
	PDF	P11 888	10,99 €
Band 2	Buch	12 158	13,80 €
	PDF	P12 158	10,99 €

Schullizenz (je Band) 44,- €

Knobelspaß mit Lerneffekt!

Autorenteam Kohl-Verlag

Kreuzworträtsel DaZ

Grundwortschatz anwenden & trainieren

Einfache Wörter des Grundwortschatzes werden anha von leichten Sätzen aus dem Alltagsbereich ins Kreuzwo rätsel eingesetzt. Sätze wie z.B.: „Ich fahre mit dem ... (Auto)." bieten den sprachlichen Bezug zum Alltagsgeschehen der Lernenden.

Die Bände „Verben" und „Adjektive" beinhalten den gleichen Aufbau. Eine Steigerung im Sprachschatz von Nomen über Verben bis hin zu den Adjektiven ist deutlich sichtbar.

je 24 Seiten

Nomen	Buch	11 932	12,80 €
	PDF	P11 932	10,49 €
Verben	Buch	11 933	12,80 €
	PDF	P11 933	10,49 €
Adjektive	Buch	11 934	12,80 €
	PDF	P11 934	10,49 €

Schulliz (je Ba 42,-

Brunhilde Sieburg

Multi-Kulti

Das Sprach- & Lesetraining für DaZ

***Schüler mit schwach ausgeprägten Deutschkenntn sen** sammeln erste Erfahrungen. Sehr wichtig ist hierbei d Wortbedeutungstraining. Die Bände 2/3 zeigen Gege stände, Personen etc., zu denen die deutschen Bezeichnungen angegeben sind. Hinzu kommen ganz einfache grammatikalische Basisübungen. Dazu jeweils eine einfache Leseübung als Lesetraining. Die Bände sind vom Schwierigkeitsgrad aufsteigend. Grundkenntnisse in den Bereichen Grammatik und Rechtschreibung werden durch zahlreiche spielerische Aufgaben vermittelt und können vertieft werden. Ebenso wird der Wortschatz Schritt für Schritt gefördert und trainiert.*

je 36/48 Seiten

Sprache als Schlüssel zur Gesellschaft

1	Schreiblehrgang	Buch	19 032	14,80 €
		PDF	P19 032	11,99 €
2	Anfängerkurs	Buch	19 033	14,80 €
		PDF	P19 033	11,99 €
3	Fortgeschrittene	Buch	19 034	14,80 €
		PDF	P19 034	11,99 €
4	Die Zeitformen	Buch	19 030	13,80 €
		PDF	P19 030	10,99 €

Schulli (je Ba 48,- 44,-

Mawadda Al-Nashawatie & Gabriela Rosenwal

Arabisches Schulbuch

Arabisch & Deutsch lernen

*Viele Kinder aus arabischen Ländern sind zu uns gekomme Sie müssen nicht nur die Sprache, sondern auch die frem Schrift erlernen. So lernt hier der Syrerjunge Kariem mit de Mädchen Julia zusammen. Die Begriffe in Deutsch, Arabisch und „Lautschrift" helfen dabei, die Worte und Sätze zu festigen. **Im zweiten Band** wurde die Darstellung sämtlicher Begriffe in Arabisch, Deutsch und Lautschrift beibehalten.*

je 48 Seiten

Band 1	Buch	11 993	14,80 €
	PDF	P11 993	11,99 €
Band 2	Buch	12 056	14,80 €
	PDF	P12 056	11,99 €

Schullizenz (je Band) 48,- €

Hohe Motivation durch schnellen Fortschritt!

NEU

Armin Weinfurter

Mathe-Basics ... für Asylbewerber

Das Fach Mathematik bietet eine gute Gelegenh im Unterricht Fuß zu fassen - selbst wenn die Sp che noch einigen Lernbedarf erfordert. In Mat bringen die Schüler Vorwissen mit und können schnell integriert werden. Die verschiedenen T menbereiche der Mathematik werden sprachn tral und mit den entsprechenden Übungsaufgab für diese spezielle Schülerschaft zusammen fasst. Schnelle Fortschritte sichern großes Inter se am Inhalt und eine hohe Motivation.

***Inhalt**: Natürliche Zahlen lesen und schreiben; Rechenzeichen und Begriffe für Rechenoperationen in den Grundrechenarten kennen und verstehen; Kopfrechen in den Grundrechenarten; Übung der schriftlichen Rechenverfahren, Umgang mit Größen, Brüchen und Dezimalbrüchen; Der Prozentbegriff, Ganze Zahlen*

80 Seiten

Buch	12 210	18,80 €
PDF	P12 210	14,99 €

Schulliz 60,-